Características físicas del Bulldog Inglés

(según el estándar de la raza)

Peso: Machos: 25 kg. Hembras: 22,7 kg.

Cuerpo: Tórax ancho, redondeado en su parte lateral, prominente y profundo. Dorso corto, fuerte y ancho entre los hombros, siendo comparativamente más estrecho al llegar al riñón.

Cola: De implantación baja, sobresale bastante recta y luego se vuelve hacia abajo. Redondeada, lisa y sin asomo de rebordes o pelo áspero.

Extremidades posteriores: Patas grandes y musculosas, proporcionalmente más largas que las anteriores, con lo que el lomo queda muy elevado.

Capa: De textura fina, corta, pegada al cuerpo y lisa (dura sólo debido a lo corta que es y a que queda pegada al cuerpo, pero no es áspera).

Pies: Los delanteros son rectos y están vueltos muy ligeramente hacia fuera, de tamaño mediano y moderadamente redondos. Los posteriores son redondos y compactos. Dedos compactos y gruesos, bien separados y con los nudillos prominentes y altos.

Color: Unicolor o manchado: esto es, completamente de un color pero con una máscara u hocico negro; de un solo color (que deben ser brillantes y puros), rojo con cualquiera de sus varias tonalidades, leonado del color del gamo, etc. El atigrado, el blanco y el moteado (combinación del blanco con cualquiera de los colores mencionados anteriormente). El color hígado y negro y fuego deben ser rechazados.

Bulldog Inglés

por Michael Dickerson

Índice

Título de la edición original: **Bulldog.**

Segunda edición
© de la traducción: **David George.**
© edición en castellano: **Editorial Hispano Europea, S.A.**
Bori i Fontestà, 6-8. 08021 Barcelona (España).
ISBN: 84-255-1379-0

HISPANO EUROPEA

Crédito de fotografías:
Norvia Behling • Dr. Dennis Kunkel • Carolina Biological Supply • Mikki Pet Products • Doskocil • Dr. Robert L. Peiffer, Jr. • Isabelle Francais • Phototake • James Hayden-Yoav • Jean Claude Revy • James R. Hayden, RBP • Dr. Andrew Spielman • Carol Ann Jonson • Nikki Sussman • Alice van Kempen • C. James Webb • Dwight R. Kuhn
Ilustraciones por **Renée Low.**

El editor desea expresar su agradecimiento a Anna M. Benedetto, Sena y Chris Clark, Marge Deyorra, Judith Ann DomPieri, Ernest F. Hubbard, Bill Luckey, Tom y Rose Patterson, Patricia J. Ryan, Mildred Watkins, Elaine Williams y al resto de propietarios cuyos perros aparecen en este libro.

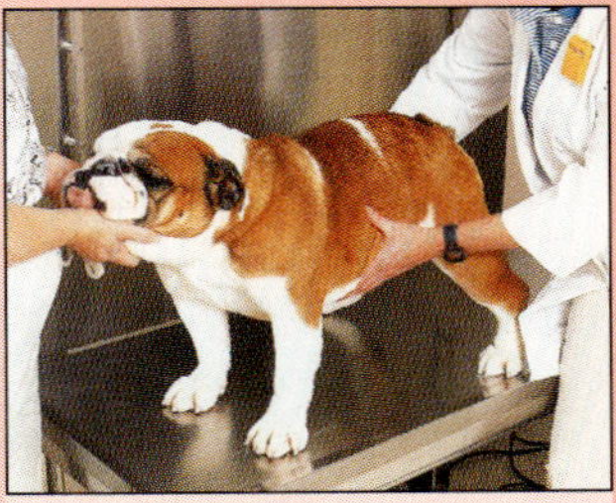

Aunque la raza ha experimentado un cambio espectacular a lo largo de su historia, el Bulldog sigue siendo un perro muy apreciado en Gran Bretaña. Los criadores actuales siguen esforzándose por perpetuar este sano y encantador animal de compañía.

HISTORIA DEL

BULLDOG

Durante cualquier periodo extenso de tiempo, es bastante frecuente ver cómo una raza canina evoluciona para pasar de ser totalmente diferente a cómo podía haber sido cientos e incluso miles de años atrás. Se consideraría como muy probable que una raza conservara la morfología y el temperamento a lo largo de su proceso de evolución. Esto es del todo cierto cuando estudiamos la historia y el desarrollo del Bulldog.

El Bulldog Inglés, conocido simplemente como Bulldog, ha cambiado enormemente desde sus principios. Aunque persisten algunos antiguos atributos en

Ch. Basford Revivue, el famoso Bulldog de Mr. Roddy, es recordado por su exquisita cabeza, que no era exagerada como la de muchos de los Bulldog actuales (fotografía de alrededor de 1920).

Un famoso grabado de John Scott que nos muestra a los Bulldog Crib y Rosa, (alrededor de 1817).

la raza, los ejemplares del siglo XIII tenían un aspecto y un comportamiento nada parecidos al del perro que tenemos actualmente en nuestros hogares y que vemos en los rings de los certámenes de belleza. Los historiadores creen, con bastante convicción, que la raza derivó de antiguos perros de guerra o de otras razas antiguas de tipo moloso.

¿SABÍA USTED QUE...?

El Bulldog era un poco menor antiguamente y solía pesar, como media, 18 kg. Actualmente son algo más robustos. Los machos suelen pesar de 25 a 27 kg y las hembras de 23 a 25 kg.

En 1914, el mejor retratista de perros, R. Ward Binks, dibujó a seis de los Bulldog campeones de Inglaterra más famosos. Estos perros obtuvieron su título de campeón a finales del siglo XIX.

Estos perros de guerra eran bastante utilizados por los británicos y además tenían unas cualidades excelentes como protectores de las propiedades y rebaños de su amo. Otros creen que el verdadero origen de la raza no está del todo claro y apuntan las muchas lagunas existentes en muchas de las teorías más aceptadas.

Ch. Dame's Double fue un excelente pilar de la raza durante el paso del siglo XIX al XX. Era propiedad de Mrs. A. G. Sturgeon y obtuvo 24 Challenge Certificates.

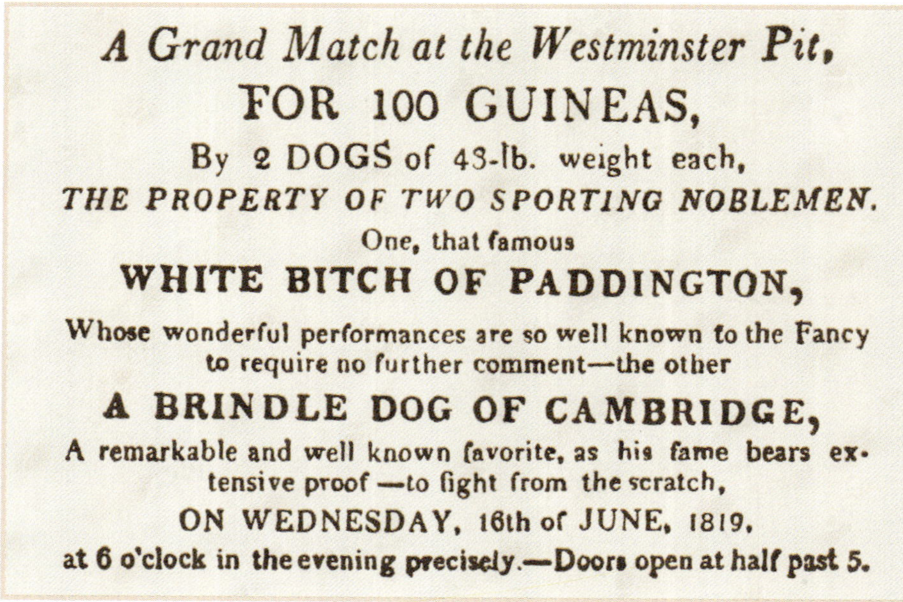

A Grand Match at the Westminster Pit,
FOR 100 GUINEAS,
By 2 DOGS of 43-lb. weight each,
THE PROPERTY OF TWO SPORTING NOBLEMEN.
One, that famous
WHITE BITCH OF PADDINGTON,
Whose wonderful performances are so well known to the Fancy to require no further comment—the other
A BRINDLE DOG OF CAMBRIDGE,
A remarkable and well known favorite, as his fame bears extensive proof —to fight from the scratch,
ON WEDNESDAY, 16th of JUNE, 1819,
at 6 o'clock in the evening precisely.—Doors open at half past 5.

Anuncio de una pelea de perros en una pista de Westminster. Los combates entre Bulldog fueron, pasada la época del apresamiento de toros, el pasatiempo de moda en Inglaterra. Se buscaba que los Bulldog fueran tan bajos como fuera posible para que su parte inferior no fuera vulnerable. Un gran combate en la pista de peleas de Westminster, en 1819, con un premio de 100 guineas, entre dos perros de 19,5 kg cada uno, propiedad de dos caballeros deportistas. Uno de ellos fue una famosa hembra blanca de Paddington; el otro, un perro atigrado de Cambridge, favorito destacado.

Blossom Westall, el Bulldog tenido como mascota por Miss Dorothy Pearson. Miss Pearson era la mejor jugadora de golf y acababa de ganar el Campeonato Femenino de Golf de Inglaterra. Fotografía de alrededor de 1913.

CÓMO SE TRANSFORMÓ ESTE PERRO EN EL BULLDOG

Una teoría aceptada es que el Bulldog fue creado, en primer lugar, en las islas Británicas y que fue creado con el único propósito de la presa de toros, un pasatiempo extremadamente salvaje que era muy popular en Inglaterra. Su popularidad llegó a adquirir tales dimensiones que se convirtió en el deporte nacional de Inglaterra entre los siglos XIII y XVIII.

La presa de toros era un espectáculo que se solía llevar a cabo junto con combates de boxeo, y se celebraban dentro de rings en pistas cubiertas. Para hacer que la pelea estuviera más igualada, el toro quedaba indefenso, atado con una cuerda a una argolla clavada en el suelo. Este deporte implica-

Un boceto de E. C. Ash que nos muestra el apresamiento de toros, un «deporte» en el que se usaba a los perros para que apresaran por los ollares a un toro que embestía. Los Bulldog, que tenían una cara corta y un cierre retrasado eran los mejor adaptados para llevar a cabo esta tarea.

ba el uso de un perro, o de un grupo de perros, a los que se dejaba sueltos para que apresaran y sujetaran al toro por las orejas y los ollares delante de miles de bulliciosos espectadores. Se consideraba que los ollares eran el punto más delicado y vulnerable del toro. Se adiestraba a los perros para que ataca-

¿SABÍA USTED QUE...?

A pesar de sus salvajes características, la presa de toros fue una actividad social muy aceptada en Inglaterra durante los siglos XVIII y XIX. Para este deporte hacía falta que las razas fueran mucho más ágiles y móviles que la mayoría de perros que vemos actualmente. El deporte dictaba la forma y la función de los perros y eso ayudó, en última instancia, a que la raza se convirtiera en lo que es actualmente.

Ch. Hefty Master Grumpy, propiedad de Mr. George Creswell y considerado como el perro ideal en aquellos tiempos (alrededor de 1915), se asfixió, desgraciadamente, en su perrera, debido a que se lanzaron sobre él, inadvertidamente, unas sacas de correos. Su muerte fue considerada como una gran pérdida por todos los aficionados.

ran, específicamente, esa zona. A pesar de su popularidad, el espectáculo era algo horroroso. No era infrecuente que durante una pelea, un grupo de perros acabaran malheridos o muertos. Los espectadores solían apostar en estos espectáculos de mal gusto.

El Bulldog de aquellos primeros tiempos era criado con el propósito de que fuera un animal fiero, agresivo y de una enorme fuerza y valentía. La belleza y la conformación no tenían importancia para los criadores de esa época. El temperamento que la raza tenía antaño queda muy distante del compañero leal y cariñoso tan aprecia-

¿SABÍA USTED QUE...?

No pasó mucho tiempo antes de que las persecuciones de toros se volvieran tan populares como los apresamientos de toros. El espectáculo incluía a un toro al que se dejaba suelto y a un grupo de fieros Bulldog que le perseguían. Este deporte tuvo su origen en la ciudad de Stamford y atrajo a grandes multitudes entusiasmadas que se reunían para observar y apostar durante el evento. Su popularidad creció por toda Inglaterra y se difundió a otras ciudades como Tutbury y Tetbury.

Nacidos en 1893, estos dos grandes Bulldog: Boomerang y Katerfelto, pertenecían a Mrs. L. Crabtree. Su padre fue King Orry y representaban a una línea famosa por su tamaño, su gran cráneo, la mandíbula bien vuelta hacia arriba y su excelente pose. Este hermoso cuadro fue pintado especialmente para la maravilosa *Hutchinson's Popular and Illustrated Dog Encyclopaedia,* por F. T. Daws.

Don Brae y Smasher (1876). El primero fue considerado como el mejor Bulldog de menos de 18 kg y era propiedad del capitán Holdworth. Smasher tenía un cuello con un contorno de 51 cm y pesaba 19,5 kg.

do actualmente por los aficionados de todo el mundo.

UN PERRO DE PELEA LEGENDARIO Y DIVERSIFICADO

No fue hasta 1778 cuando surgieron las primeras protestas y el duque de Devonshire en Staffordshire actuó contra la salvaje naturaleza del apresamiento de toros y abolió de forma oficial este horrible deporte. Desgraciadamente, éste no fue el fin de la utilización del Bulldog como «máquina de pelear».

Esta fotografía de los años 30 nos muestra a Lady Vansittart, esposa de Sir Robert Vansittart, gran aficionada a los animales y a quien aquí vemos en Denham Place (Buckhingamshire) con su Bulldog.

Ch. Novo Nivo, uno de los mejores Bulldog de 1933, era propiedad de Mrs. Shaw. Obtuvo muchos grandes premios. Observe sus fuertes extremidades, su enorme dorso y su cabeza, maxilares y hocico.

Sir Tristram (1933) es el vivo ejemplo del dorso cóncavo y el buen cuerpo tan deseados en esa época.

Aunque ya no se utilizaban toros, las peleas continuaron con ratas, leones, monos, osos, otros Bulldog y cualquier otro animal que los ingleses pudieran obtener. No pasó mucho tiempo hasta que las peleas de perros y el apresamiento de osos reemplazaron al apresamiento de toros. De hecho, estos «deportes» se volvieron tan populares o más que los anteriores. El apresamiento de osos se transformó pronto en uno de los deportes de apresamiento de mayor seguimiento. Finalmente, debido al alto coste que implicaba la importación de osos, este deporte desapareció en el siglo XVIII.

Tras el fin del apresamiento de toros y de osos, muchos creyeron que la raza desaparecería. Afortunadamente había muchas personas interesadas en la conservación de la raza y que mostraban preocupación por su transfor-

La famosa revista *Punch* publicó esta caricatura en 1846. La nota al pie decía: «Mr. Punch visita un lugar muy notable. La visita de Mr. Punch al Castillo Canino de Bill George».

Estos cuatro Bulldog de mediados de los años 30 fueron campeones. El de arriba a la izquierda es My Lord Bill, de Mr. George Roscoe; el de arriba a la derecha es la hembra Ch. Mountain Queen, de Mrs. Edward; el de abajo a la izquierda es Ch. Keysoe Golden Sovereign, de Mr. Barnard, y el de abajo a la derecha es Sir Tristram.

¿SABÍA USTED QUE...?

Afortunadamente, el Bulldog no se parece al feroz perro de siglos atrás. Antiguamente era un luchador muy tenaz. Algunos escritos hablan de Bulldog que quedaban colgando de los labios de los toros después de haber quedado destripados por el furioso astado. Muchos perros acababan muertos, y los desagradables deportes en los que eran forzados a participar serían considerados totalmente faltos de ética en la actualidad.

mación en un perro de pura raza respetable. Estos criadores dedicados se propusieron desarrollar una raza que fuera adecuada para la vida familiar, en contraposición con los agresivos perros de pelea. No pasó mucho tiempo antes de que los criadores transformaran la cría para la pelea y los combates en la cría para las exposiciones y los certámenes caninos.

Hacia finales del siglo XVIII y principios del XIX, los primeros ejemplares de la raza eran de mala calidad en comparación con los estándares actuales. En su aspecto físico seguían siendo

Bulldog

Este boceto, que ilustra el carácter del Bulldog es una obra del famoso dibujante de animales J. Nicholson para la *Hutchinson's Encyclopaedia.*

Ch. Pugilist, posando con su modelo de porcelana, ganó 30 Challenge Certificates. Fue criado por Mrs. B. J. Walz y fue muy apreciado por su superior constitución corporal. (Alrededor de 1930).

evidentes sus cualidades de perros de pelea. Tenían un cráneo pequeño, un hocico largo y su cabeza no tenía arrugas. Tenían aspecto de estar extremadamente tullidos y, en gran medida, se consideraba que no gozaban de buena salud.

DEL PERRO DE PELEA AL PERRO DE EXPOSICIÓN Y COMPAÑERO FAMILIAR

Con la creación del Bulldog Club en Inglaterra estas malas cualidades físicas comenzaron a ser limadas por los criadores y los aficionados que se preocupaban de ello. Mucho antes de que se fundara el Kennel Club de Inglaterra, el Bulldog Club fue la primera asociación que intentó estandarizar la raza y la primera que celebró un certamen de belleza para estos perros en 1859. Se considera que Jacob Lamphier fue quien redactó el primer estándar «oficial» del Bulldog en 1864, pero no se publicó hasta 1879. El primer verdadero estándar fue el *Philo Kuon,* que fue adoptado en Londres en 1865. Muchos de los primeros perros expuestos en el ring de belleza tenían unos pies que se abrían y pisaban mal y unas extremidades arqueadas. Para empeorar las cosas, las valoraciones por parte de los

Sirloin of Pugilist fue exportado a los Estados Unidos por la criadora Mrs. Walz y fue importante en el desarrollo de la raza en aquel país.

jueces durante las exposiciones también eran malas y no fueron de ninguna ayuda para la evolución física de la raza. Incluso actualmente, se considera al Bulldog como una raza difícil de valorar en las exposiciones de belleza y son necesarios muchos años de experiencia para hacerlo correctamente.

Es casi imposible detallar la larga lista de criadores y perros ingleses y norteamericanos influyentes responsables del desarrollo de la raza durante los últimos 200 años: son centenares. Algunos de los perros famosos de finales del siglo XIX y de principios del XX siguen teniendo un reducto en la descendencia actual, y muchos de los mejores machos y pedigrees de hoy día tienen su origen en ellos. Algunos de estos perros influyentes fueron: Monarch, Donald, King Dick, Old King Cole, Crib, Rosa, Thunder, Sir Anthony, Brutus y Sancho Panza.

En el siglo XIX, Crib y Rosa eran dos perros que fueron considerados como la base del estándar del Bulldog. Ambos tenían un tórax profundo, un increíble tono muscular, un dorso cóncavo y una cola de implantación baja. Crib era un perro atigrado y blanco considerado como «el mejor hasta la fecha». Era un perro polivalente que tanto era utilizado como perro guardián como compañero familiar. Criadores importantes de esta época fueron Mr. S. E. Shirley, Mr. G. Roper, Mr. R. J. Lloyd Price, Jesse Oswell, Mr. Clement y Mr. Henshaw. Hacia finales del siglo XIX, Robert Hartley, Charles Hopton, Walter Jeffries y Sam Woodiwiss habían conseguido ser criadores de gran fama y respetados en Norteamérica e Inglaterra.

James Hinks tiene el mérito de ser uno de los primeros exhibidores de Bulldog. Hinks expuso Bulldog activamente durante cuatro años (desde 1860

Ch. Cloverley Bright Star, criado por la famosa Mr. Palmer, era un ejemplar atípico entre los Bulldog ingleses de los años 30.

Ch. Novonero, uno de los mejores perros de Mrs. Shaw, mostraba una cabeza buena y ancha, un cuerpo bien proporcionado y una pose adecuada.

A mediados del siglo XIX, se intentó cruzar al Bulldog con Terrier de patas largas para obtener un Bulldog más activo. Aquí tenemos a tres cruces entre Bulldog y Terrier con las orejas cortadas, que estaban de moda en esos tiempos.

a 1864). Uno de los primeros certámenes en los que participó se celebró en el Palacio de Exposiciones Agrícolas de Birmingham. Se inscribieron 40 Bulldog, entre los que estaba el famoso perro rojo King Dick, propiedad de Jacob Lamphier. King Dick tuvo una carrera muy exitosa en las exposiciones. Se convertiría en el primer campeón de belleza y en el primer Bulldog en ser inscrito en el libro de orígenes de la raza del Kennel Club. El primer club británico del Bulldog fue creado en 1864 por Mr. R. S. Rockstro.

La mayoría de los animales de esta raza eran exportados a los Estados Unidos, país que tuvo la mayor influencia en el desarrollo de la raza. El primer Bulldog expuesto en los EE.UU. fue Donald, que fue presentado en Nueva York en 1880. Era un macho atigrado y blanco propiedad de Sir William Verner. En 1888, Robinson Crusoe se convirtió en el primer campeón estadounidense. Diez años más tarde se fundó el Bulldog Club of America. Actualmente cuenta con unos 3.000 miembros.

Al igual que para muchas otras razas, las consecuencias negativas de las guerras afectaron al Bulldog. Al iniciarse la primera guerra mundial, había unos 12.000 Bulldog en el Reino Unido y durante la segunda guerra mundial se suspendieron por completo los certámenes caninos y la población de Bulldog descendió hasta los 8.000 ejemplares. Algunos criaderos influyentes de esos tiempos eran Merstham, Pearson y Cloverleys. Mrs. Pearson, del criadero Pearson Westall's se convirtió en la primera mujer que presidió el English Bulldog Club en 1936.

Ch. Guido fue considerado, con el cambio de siglo, como el perro con el cuerpo más robusto nunca antes visto en un Bulldog. Ilustración por E. C. Ash.

Int. Ch. Jasperdin of Din fue el primer ganador importante de la criadora Mrs. M. B. Montgomery. Se convirtió en una respetada criadora de Bulldog de buena calidad.

Ch. Pressgang, en un dibujo de alrededor de 1903, ha sido considerado como un líder dentro de la raza y uno de los Bulldog más notables a lo largo de la historia.

Después de la segunda guerra mundial, surgieron muchas caras nuevas que tendrían una gran influencia sobre la raza. Jack y Kathleen Cook tuvieron el mérito de ser los que criaron más Bulldog campeones del Reino Unido. Les y Ellen Cotton, del criadero Aldridge, fueron los responsables de la cría de Ch. Aldridge Advent Gold. Este perro fue el padre de nueve campeones del Reino Unido. Otros perros influyentes fueron Ch. Maelor Solorium, Ch. Prince

of Woodgate y Ch. Noways Chuckley. Éste último fue el único que logró ser el Campeón Supremo en la Exposición Canina de Belleza Crufts, en 1952. Arthur Westlake, Dora y George Wakefield y Harold y Audie Hayball criaron muchos perros excelentes que siempre tendrán un lugar destacado en la historia de esta raza.

La mayoría de los perros campeones y de los grandes criaderos de Bulldog se han originado a partir de perros ingleses. En los últimos años, el Bulldog ha continuado aumentando lentamente, su popularidad en los EE.UU.

El Bulldog Oak Leaf nos muestra el cambio de estilo en la raza a principios del siglo XX. Fue considerado como uno de los mejores ejemplares hasta la fecha.

Lord Charles Bereford, uno de los almirantes más famosos de Gran Bretaña, aparece aquí con sus famosos perros de la línea Stone.

Ch. Silent Duchess en un hermoso óleo que data de 1907.

La calidad de los perros también ha mejorado.

En esta última década han surgido nuevas caras en los rings de belleza de las exposiciones caninas de los EE.UU. y de Inglaterra. Muchos criadores solventes están dando lugar a animales de gran calidad y a líneas de prestigio. Varios han tenido excelentes actuaciones dentro y fuera del ring de belleza. Bill y Margaret Goodwin, del criadero Britishpride han criado varios campeones, el más famoso de los cuales es Ch. Ocobo Royal Heritage of Britishpride, que ganó el premio de Mejor de la Exposición (Best in Show) en la exposición

Esta famosa ilustración de Reinagle aparece en el *Sportman's Cabinet* de 1803.

Esta ilustración publicada en 1892 nos nuestra a los Bulldog Bathos, the Holy Terror y Graven Image.

del centenario del British Bulldog Club. Pat y Norman Davis, del criadero Ocobo también tuvieron una gran actuación con Ch. Ocobo Skipper y Ch. Ocobo Tully. Algunos otros criadores dignos de mención incluyen a Brenda Price (del criadero Esclusham) y a Peter y Jackie New (del criadero New Rock.)

CARACTERÍSTICAS DEL BULLDOG

¿ES EL BULLDOG EL PERRO ADECUADO PARA USTED?

El Bulldog ha recorrido un largo camino desde que fuera un perro de pelea. Probablemente no haya una raza canina que haya cambiado tanto en cuanto a temperamento y comportamiento, ya que ha sido transformado en una maravillosa mascota y compañero. El Bulldog medra con el compañerismo humano y disfruta, verdaderamente, al lado de todo tipo de gente. Su lealtad y enorme afinidad hacia las personas hacen que sean unos perros que no se adapten bien a vivir en una perrera. Esta raza prefiere estar dentro de casa y convivir con sus propietarios a permanecer en el jardín o patio de la casa o en una perrera en el sótano.

Un cachorro de Bulldog ofrece al propietario unas características diferentes a las de un Samoyedo o un Yorkshire Terrier. Medite cuidadosamente su elección de un Bulldog antes de comproterse con él.

Los Bulldog son muy tolerantes, tienen gran paciencia con los niños y les encanta la compañía de otros perros y animales. Se adaptan con bastante facilidad a otras mascotas caseras como gatos y aves. Rara vez se pelean entre sí, pero cuando lo hacen puede ser algo bastante aparatoso. Se trata de una raza con una enorme voluntad que no se rendirá fácilmente. Son extremadamente inteligentes, tranquilos y afectuosos. No oirá ladrar demasiado a un Bulldog, pero pronto se acostumbrará a sus ruidosos ronquidos y eructos. Sorprendentemente, muchos propietarios encuentran bastante placenteros los ronquidos de esta raza y raramente los notan una vez que el perro lleva algún tiempo en casa.

El Bulldog se adapta fácilmente a la vida en un piso o en el campo, con enormes terrenos para pasear. No necesita hacer mucho ejercicio y se contenta con cortos paseos diarios. No se trata de una raza muy activa, y la gente que busque un perro que lo sea debería decidirse por otra raza. Son mucho más felices mientras descansan en el entorno cómodo de su hogar. Los juegos de pelota que se prolongan durante horas no están hechos para ellos. El Bulldog disfruta con las sesiones de juegos cortas y se mostrará muy contento con su relación con los humanos y las atenciones que el propietario le pueda proporcionar.

El Bulldog es un compañero distinguido y amante de la paz que toma el sol junto con su propietaria.

Debido a su conformación, es frecuente que el Bulldog tenga dificultades respiratorias. Esto es especialmente cierto durante los días cálidos y húmedos. Se debería evitar su participación en ejercicios agotadores cuando tengamos estas condiciones climáticas. Ninguna raza canina debería ser expuesta a un calor excesivo, pero el Bulldog sufrirá mucho más que la mayoría cuando el clima sea el mencionado. Un hogar con aire acondicionado es un lugar mucho mejor para que pase el día que estando fuera de casa, en el jardín, durante un día cálido y sin disponer de una sombra. Lo que es raro es que les gusta tomar el sol mientras la temperatura sea lo suficientemente fresca como para que se sientan cómodos. Los perros que son tenidos fuera de casa durante largos periodos de tiempo son también susceptibles a padecer mayor cantidad de problemas cutáneos y respiratorios.

Un aspecto que deberían tener en cuenta los propietarios potenciales es que los Bulldog son mordedores incorregibles y que este comportamiento no está limitado a los perros jóvenes. Será importante proporcionarles muchos ju-

¿SABÍA USTED QUE...?

El acicalado del Bulldog requiere limpiar su cara y las arrugas de su piel regularmente. Las arrugas de la cara pueden acumular su-

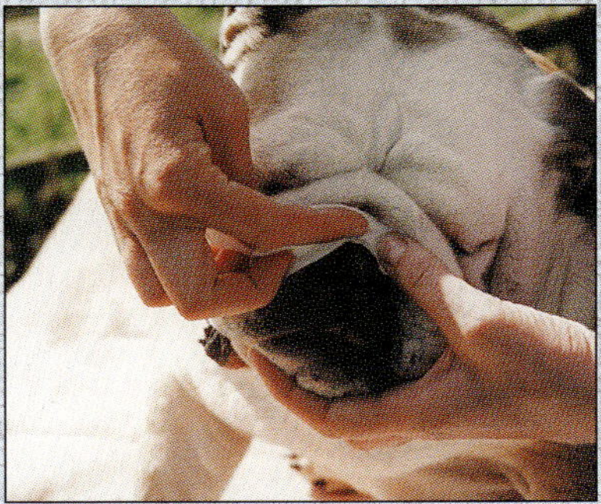

ciedad. Una simple limpieza de la cara implica humedecer un trapo con agua tibia e ir limpiando. Las manchas debidas a las lágrimas pueden ser especialmente difíciles de eliminar y a veces requerirán del uso de productos fuertes para el acondicionamiento de la piel que podrá conseguir de manos del veterinario o en la farmacia.

Los Bulldog son mordedores fuertes que necesitan los juguetes para morder más resistentes que pueda encontrar. Consulte en su tienda de mascotas para que le recomienden los más seguros y los que tengan una mejor relación calidad-precio.

guetes para morder para mantenerles ocupados cuando no esté usted en casa.

Una pregunta frecuente entre los propietarios neófitos es qué sexo es la mejor opción. En la mayoría de las razas no suele haber una gran diferencia. En el caso de los Bulldog, los machos puede que sean un poco más afectuosos. Suponiendo que todo lo demás sea igual, la elección depende, en realidad, de los planes que tenga el propietario. ¿Va a ser el perro sólo una mascota casera y un compañero? ¿Cree que quizás le interese participar en los certámenes caninos o en las pruebas de obediencia? Si es así, debería hablar con el criador acerca de sus intenciones, ya que quizá luego ya sea demasiado tarde. Esto le ayudará a escoger para usted un perro que sea adecuado para su ritmo de vida y que cumpla con sus expectativas. Si lo necesita, hágase y llévese una lista de preguntas.

En cuanto a las características físicas, los Bulldog se presentan en variedad de colores deslumbrantes. Los más populares son el blanco, el rojo y blanco, el atigrado y blanco, el blanco con manchas (pío), el color gamo y el blanco con una máscara u hocico negro. El color tiene poca importancia en cuanto a la calidad del perro. Se trata, simplemente, de sus gustos y preferencias personales. Aun así es importante encontrar a un perro que se adapte al estándar de la raza. Debería fiarse del consejo del criador, ya que, obviamente, él tendrá más experiencia en ello que usted. Ellos sabrán cómo crecerán y en qué se transformarán sus líneas.

¿SABÍA USTED QUE...?

A pesar de su salvaje linaje, el Bulldog es conocido actualmente por su afabilidad y por su capacidad de llevarse bien con

otros perros y animales. La raza aprecia el compañerismo de sus propietarios y de otras mascotas con las que comparta el hogar.

PROBLEMAS DE SALUD DEL BULLDOG

Existen diferentes problemas de salud que afectan a diferentes razas caninas, y todos los nuevos propietarios de-

berían conocer los problemas que puede padecer la raza que han escogido. Con esto no pretendemos disuadir a nadie de la compra de un cachorro. Se hace para ayudar a que el propietario programe los mejores cuidados posibles para su perro. Algunas razas sufrirán más enfermedades y problemas de origen genético que otras. En gran medida, el Bulldog es una raza canina muy sana. Una dieta correcta y los juegos y el ejercicio adecuados para mantenerle en forma juegan un papel importante en su estabilidad física y en su desarrollo. Su Bulldog debería ser alimentado y acicalado adecuadamente y sus vacunas deberían estar al día. Algunos problemas de la salud son de origen genético y vienen como resultado de defectos hereditarios con los que usted debería familiarizarse.

El ojo de cereza consiste en la tumefacción de una glándula del tercer párpado. A diferencia de los ojos de las personas, los ojos del perro disponen de un tercer párpado situado en su ángulo interno. Este problema es bastante frecuente en el Bulldog. Afortunadamente, un veterinario experimentado extraerá la glándula durmiendo al perro con los anestésicos adecuados.

El entropión y el ectropión son problemas que afectan a los párpados. El entropión consiste en que el párpado superior o el inferior están vueltos hacia

La mandíbula prognática y la trufa vuelta hacia arriba hacen que los Bulldog tiendan a padecer ciertos problemas de salud. Hable de los problemas potenciales con el criador que haya escogido.

¿SABÍA USTED QUE...?

Cualquier intento de cría debería ser llevado a cabo por una persona responsable y experimentada. Los Bulldog no son una raza de cría fácil y hacen falta muchos años de experiencia para realizarla de forma adecuada. Muchos cachorros no sobreviven al parto y los que sobreviven necesitan, frecuentes cuidados veterinarios. Una camada normal de Bulldog tiene de 5 a 7 cachorros, aunque existen datos del nacimiento de 16 cachorros vivos en una camada excepcional.

dentro, con lo que las pestañas frotan la córnea, lo que da lugar a una irritación grave. El ectropión es lo contrario al entropión, y los párpados están vueltos hacia fuera, lo que provoca que el párpado inferior quede colgando un poco. Este problema se suele poder curar sin que sea necesaria la cirugía correctora.

A veces se puede ver que los Bulldog y otras razas braquicéfalas tienen un paladar blando elongado. Este problema provoca que el perro tenga descargas nasales y respire ruidosamente porque las vías respiratorias están obstruidas por el paladar blando. Un Bulldog que padezca este problema respirará por la boca, lo que dará lugar a ruidos (como ronquidos) mientras duerme. En la mayoría de los casos, la cirugía puede corregir el problema.

La displasia de codo y la rotuliana también afectan al Bulldog. Ambas consisten en un defecto genético que provoca cojera y anomalías en la marcha y el movimiento. Los perros que padecen este problema suelen experimentar un gran dolor e incomodidad. Los criadores responsables deberían someter a todos sus animales a rayos X antes de incluirlos en sus programas de cría. Aunque una opción puede ser la sustitución del codo por uno ortopédico, se trata de una operación muy cara y que no siempre tiene éxito.

Un Bulldog sano no tendrá problemas por oler las flores. Los paladares blandos elongados pueden hacer que el Bulldog tenga una descarga nasal y que respire con dificultad y ruidosamente.

ESTÁNDAR DE LA RAZA PARA EL

BULLDOG

ESTÁNDAR PARA EL BULLDOG

Aspecto general. De pelo liso, grueso, bastante bajo, ancho, fuerte y compacto. Cabeza enorme, bastante grande en proporción con su talla, pero sin guardar una proporción excesiva con respecto al resto del cuerpo, que haría que se rompiera la simetría general o que daría al perro un aspecto deforme o que interferiría con su movimiento. La cara es corta, el hocico ancho, romo e inclinado hacia arriba. El cuerpo es corto, robusto y las extremidades son fuertes, bien musculadas y atléticas. Las traseras altas y fuertes pero un poco más ligeras en comparación a las delanteras. Las perras no son tan impresionantes ni están tan bien desarrolladas como los machos.

Características. Da la impresión de determinación, fuerza y actividad.

Temperamento. Alerta, valiente, leal, formal, bravo y de aspecto fiero, pero afable con una naturaleza afectuosa.

Cabeza y cráneo. Cráneo con una gran circunferencia que debería tener un perímetro (tomado por delante de las orejas), aproximadamente igual a la altura a la cruz. Visto desde delante parece haber una gran altura desde el borde de la mandíbula hasta la parte más alta del cráneo que, además, es muy ancho y cuadrado. Los pómulos están bien redondeados y se extienden a los lados por debajo de los ojos. Vista de perfil, la cabeza parece muy

¿SABÍA USTED QUE...?

El objetivo de cualquier estándar de una raza es describir su estructura física. Esto incluye sus características y su temperamento. Un estándar describe al ejemplar ideal de la raza. El estándar es utilizado por los jueces, los presentadores y los criadores. Los jueces lo utilizan para valorar a los perros expuestos en un certamen canino de belleza. Todo criador respetable debería aprender y estudiar el estándar y tratar de criar perros que se acerquen lo máximo posible a sus indicaciones. El primer estándar inglés fue publicado en 1875. Ha habido algunas revisiones desde entonces. La revisión más reciente del estándar del Kennel Club de Inglaterra se dio en 1986. Muchos otros países tienen su propio estándar para el Bulldog. Cuando se fundó el Bulldog Club of America en 1890, adoptaron el estándar inglés.

Ojos
Occipital
Stop
Orejas
Cuello
Cruz
Dorso
Caderas
Grupa
Cola
Trufa
Boca
Hocico
Tórax
Musculatura pectoral
Pata anterior
Metacarpo
Costillas
Torso
Muslo
Pierna
Corvejón
Babilla
Pies

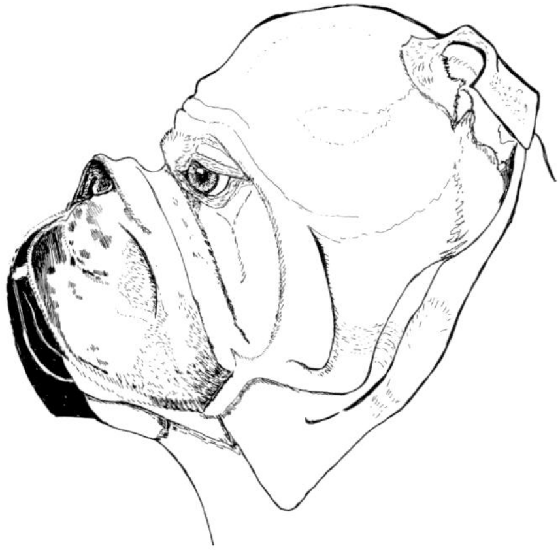

Cabeza incorrecta; cráneo abovedado.

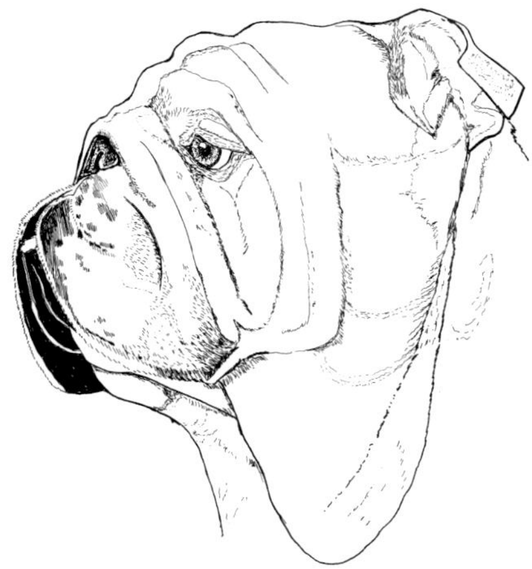

Cabeza correcta.

alta y corta desde el occipital hasta la punta de la trufa. La frente es plana y la piel que la cubre y que también cubre la cabeza está suelta, tiene arrugas. La frente no es prominente ni queda colgando de la cara. Las proyecciones de los huesos frontales son prominentes, anchas, cuadradas y altas; presencia de una depresión profunda y ancha entre los ojos. Desde el stop se extiende una arruga o surco ancho y profundo justo hasta la mitad del cráneo cuyo rastro se puede seguir hasta llegar a la parte más alta del mismo. La cara, desde la parte delantera del pómulo hasta la trufa, es corta y presenta arrugas en la piel. El hocico es corto, ancho, vuelto hacia arriba y muy profundo desde la comisura del ojo hasta la de la boca. Trufa y orificios nasales grandes, anchos y de color negro. En ningún caso serán de color hígado, rojo o marrón. La parte superior está vuelta hacia los ojos. La distancia desde el ángulo interno del ojo (o desde el centro del stop, entre los ojos) hasta la punta de la trufa no superará la existente entre la punta de la trufa y el borde del labio inferior. Orificios nasales grandes y amplios con una línea recta y vertical bien definida entre ellos. Las partes péndulas de los labios superiores son anchas, amplias, pendientes y muy profundas, y cubren completamente la mandíbula inferior pero no por delante. Tapan el labio inferior por delante y recubren enteramente los dientes. Maxilares amplios, enormes y cuadrados, con la mandíbula inferior que se proyecta por delante del maxilar superior y que se vuelve hacia arriba. Vistas por delante, las características de la cabeza deben guardar un equilibrio a ambos lados de una línea imaginaria que pasaría por el centro de la misma.

Ojos. Vistos desde delante, están situados bastante bajos respecto del cráneo y están bastante separados de las orejas. Los ojos y el stop se encuentran en la misma línea, formando un ángulo recto con

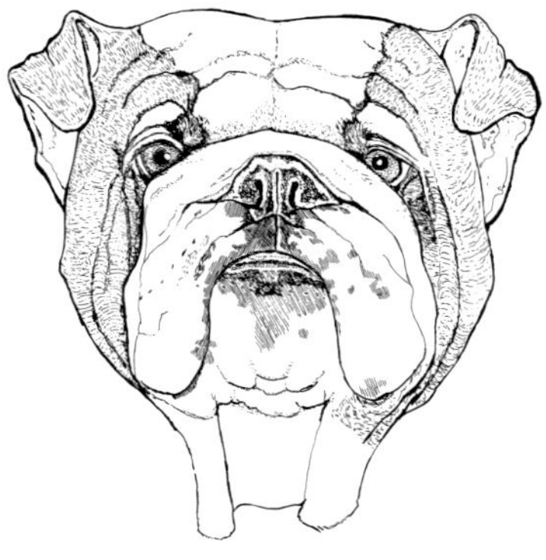

Orejas no deseables.

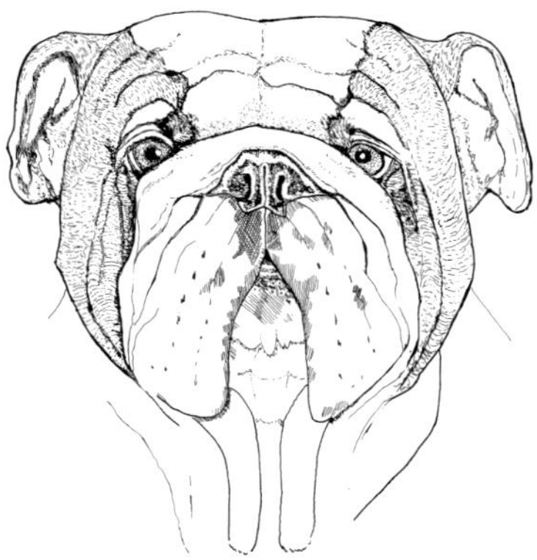

Boca no deseable.

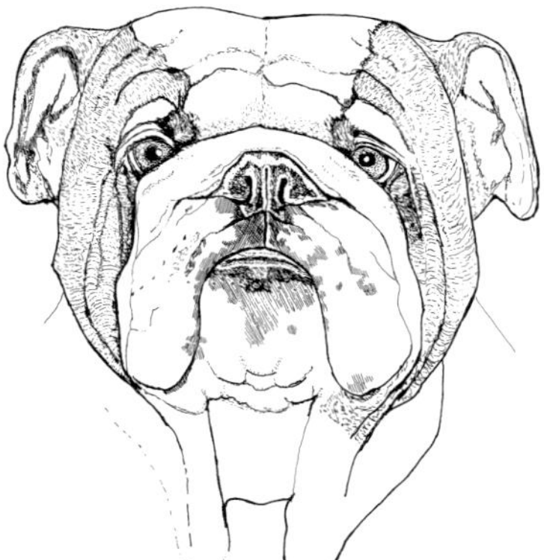

Orejas y boca correctas.

el surco medial del cráneo. Están bastante separados entre sí, pero las comisuras externas no sobrepasan el contorno de los pómulos. Redondeados, de un tamaño moderado, ni hundidos ni saltones, de un color muy oscuro (casi negro) y no muestran nada de blanco (esclerótica) cuando el perro mira recto hacia delante.

Orejas. Implantadas altas, esto es, el borde delantero de cada oreja (visto desde delante), armoniza con el contorno del cráneo en la esquina superior de dicho contorno, para así estar lo más separadas entre sí, lo más altas y lo más apartadas de los ojos que sea posible. Pequeñas y finas. Las «orejas en forma de rosa» son correctas: esto es, se dobla hacia dentro y hacia atrás, el borde interno superior o frontal se curva hacia fuera y hacia atrás, mostrando parte del interior del conducto interno.

Boca. Maxilares anchos y cuadrados con seis pequeños incisivos entre los caninos o colmillos, formando una línea recta. Los caninos bastante separados entre sí. Los dientes, que son grandes y fuertes, no se ven cuando la boca está cerrada. Vista desde delante, la mandíbula queda directamente por debajo del maxilar superior y es paralelo a éste.

Cuello. De longitud moderada (más bien corto que largo), muy grueso, profundo y fuerte. Es convexo en su perfil superior y presenta mucha piel suelta, gruesa y con arrugas en la región de la garganta, formando papada a ambos lados que va desde la mandíbula inferior hasta el pecho.

Extremidades anteriores. Hombros anchos, oblicuos y profundos, muy fuertes y musculosos y dando la apariencia de estar «clavados» al cuerpo. Musculatura pectoral amplia, redondeada y muy profunda desde la parte superior de los hombros hasta su parte inferior, donde se unen al pecho. Bien aplomado entre las patas delanteras. De gran diámetro, con la parte que queda por detrás de las patas anteriores redondeada (la parte lateral del cuerpo no es plana, tiene las costillas bien abovedadas). Patas delanteras muy resistentes, fuertes, bien desarrolladas y separadas entre sí, gruesas, musculosas y rectas, con un contorno bastante arqueado, aunque sus huesos son fuertes y rectos y no curvados ni estevados y son cortos en proporción con las extremidades posteriores, pero no son tan cortos como para hacer que el dorso parezca largo o como para restarle actividad al perro y dar el aspecto de caminar como si estuviera cojo. Los codos son bajos y quedan bastante apartados de las costillas. Metacarpos cortos, rectos y fuertes.

Cuerpo. Tórax ancho, redondeado en su parte lateral, prominente y profundo. Dorso corto, fuerte y ancho entre los hombros, siendo comparativamente más estrecho al llegar al riñón. Con una ligera caída por detrás de la cruz (parte más baja), punto a partir del cual debería elevarse hasta llegar al riñón (parte superior más alta que la parte superior de los hombros o cruz), curvándose de nuevo bruscamente hasta la cola, formando un arco (recibe el nombre de dorso encarpado). Esto es una característica de la raza. Cuerpo bien cubierto por las costillas en su parte posterior con un abdomen bien recogido y que no queda péndulo.

Extremidades anteriores correctas.

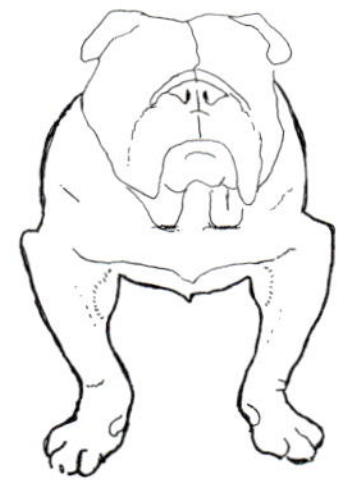

Extremidades anteriores no deseables.

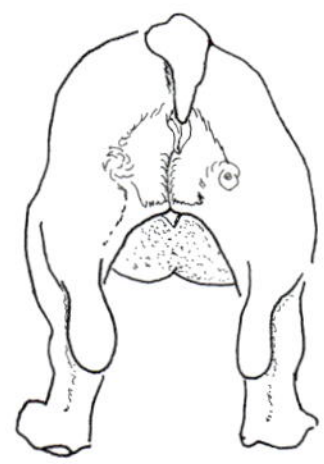

Extremidades posteriores correctas.

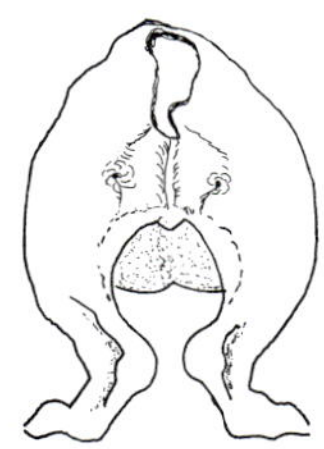

Extremidades posteriores no deseables.

Extremidades posteriores. Patas grandes y musculosas, más largas que las anteriores. Corvejones doblados y bien aplomados. Patas largas y musculosas desde el riñón hasta el corvejón, siendo la parte inferior corta, recta y fuerte. Babillas redondeadas y vueltas hacia fuera, alejándose del cuerpo. Esto hace que los corvejones se aproximen entre sí y que los pies posteriores estén vueltos hacia fuera.

Pies. Los delanteros son rectos y están vueltos hacia fuera, tienen un tamaño mediano y son algo redondeados. Los posteriores redondos y compactos. Dedos compactos y gruesos, bien separados y con los nudillos prominentes y altos.

Cola. De inserción baja, sobresale bastante recta y luego se vuelve hacia

Dorso no deseable, con la línea superior recta.

Dorso correcto: en esta raza es deseable el «dorso cóncavo».

El estándar es una guía del Bulldog perfecto. No existe un perro tal, pero los criadores siguen esforzándose por conseguir este ejemplar tan escurridizo con cada camada. El ring de las exposiciones de belleza es el terreno de pruebas para medir el éxito de los criadores.

abajo. Redondeada, lisa y sin asomo de flecos o pelo áspero. De longitud moderada (más bien corta que larga), gruesa en su nacimiento, se estrecha rápidamente hasta acabar en una punta fina. Llevada hacia abajo (no tiene una curva marcada hacia arriba en la punta), nunca es portada por encima de la línea dorsal.

Marcha/Movimiento. Singularmente pesado y constreñido, dando el aspecto de caminar con pasos pequeños y rápidos sobre la punta de los pies. Los pies traseros no se levantan mucho y dan la impresión de estar casi rozando el suelo.

Capa. De textura fina, corta, pegada al cuerpo y lisa (dura sólo debido a lo corta que es y a que queda pegada al cuerpo, pero no es áspera).

Color. Todo igual o manchado, esto es, unicolor pero con una máscara u hocico negro; de color uniforme (que deben ser brillantes y puros), por ejemplo atigrados, rojizos en sus varias tonalidades, leonados, del color del gamo, etc., blancos y con manchas (o píos, lo que significa que se trata de una combinación del blanco con cualquiera de los colores ya mencionados). El color hígado y el negro y fuego deben ser rechazados.

Peso. Para los machos: 25 kg; para las hembras: 22,7 kg.

Faltas. Cualquier desviación en los puntos antes mencionados debería considerarse como un defecto que será penalizado en función de su gravedad.

Nota. Los machos deben tener dos testículos aparentemente normales y que hayan descendido por completo hasta el escroto.

¿POR DÓNDE EMPEZAR?

Si está usted convencido de que el Bulldog es el perro ideal para usted, es el momento de averiguar dónde encontrar un cachorro y qué es lo que tiene que buscar. Encontrar una camada de Bulldog no debería representar un problema para el aspirante a propietario. Debería preguntar por criadores de esta raza que disfruten de un buen prestigio. Usted busca un criador solvente con una ética canina sobresaliente y con un fuerte conocimiento de la raza. Los aspirantes a propietarios deberían hacerle tantas preguntas como dudas tengan. Un criador solvente es, desde luego, el que dará respuesta a sus cuatro millones de preguntas, y le hará sentirse cómodo con su elección del Bulldog.

Un criador solvente le venderá un cachorro a un precio justo si, y sólo si, juzga que es usted una persona adecuada y digna de confianza para sus perros. Uno se puede fiar de un criador honrado para que le aconseje, sin importar a qué hora del día. Un criador honesto

¿SABÍA USTED QUE...?

Desgraciadamente, cuando un cachorro es adquirido por alguien que no tiene en cuenta el tiempo y la atención que requiere, es el perro el que sufre al ser abandonado o dejado en una sociedad protectora por parte de un propietario frustrado. Así, todo lo que haga para preparar la llegada de su cachorro les beneficiará a ambos. Cuanto más informado esté, mejor sabrá lo que puede esperar y estará mejor preparado para manejar los incidentes que supone su crianza. Es de esperar que toda la familia querrá colaborar en su cría y en sus cuidados. La emoción de tener un perro suele suscitar muchas promesas por parte de los ansiosos miembros de la familia: «Yo le sacaré a pasear cada día», «Yo le alimentaré», «Yo me ocuparé de que haga pipí», etc., pero estas cosas requieren tiempo y esfuerzo y las promesas se olvidan fácilmente una vez se ha desvanecido la novedad que supone la nueva mascota.

Un cachorro de Bulldog (derecha) con su primo, un Bulldog Francés. Fíjese en las grandes orejas, parecidas a las de un murciélago, que tiene el Bulldog Francés, que es considerablemente menor que su pariente inglés cuando ha completado su crecimiento.

aceptará al cachorro de vuelta y sin hacer preguntas si usted decidiera que no está a la altura de un Bulldog.

Debido a las complicaciones que tiene esta raza durante el parto y la crianza, debería usted tener previsto pagar una buena suma por un cachorro. Los Bulldog son muy caros pero valen de sobras ese dinero cuando se tiene en cuenta la enorme alegría que le prorcionarán todos y cada uno de los días de su vida. Un perro de buena calidad puede llegar a costar una pequeña fortuna.

Cuando escoja a un criador, el prestigio es mucho más importante que la conveniencia debida a la cercanía. No se vea impresionado por los criadores que ponen anuncios jactanciosos en la prensa acerca de sus estupendos campeones y líneas de trabajo. Los criadores con verdadera calidad son silenciosos y humildes. Usted oirá hablar de ellos en las exposiciones y las pruebas caninas por medio del boca a boca. Sería aconsejable que evitara al novato que vive a un par de kilómetros de usted. El novato, que intenta deshacerse trabajosamente de esa primera camada de cachorros, se muestra más que complaciente y ansioso por venderle uno. Ese criador le cobrará tanto como cualquier criador prestigioso, pero el criador novato no le preguntará acerca de sus intenciones para con el cachorro, el ambiente y el adiestramiento que le

La selección de un cachorro de Bulldog adecuado debería ser llevada a cabo con sumo cuidado. Su cachorro ideal de Bulldog estará bien sociabilizado y se comportará de forma amistosa con todo aquel con quien se encuentre.

¿SABÍA USTED QUE..?

Su cachorro debería tener el aspecto de estar bien alimentado, pero no debe tener un abdomen distendido, que puede indicar que tiene gusanos y/o que está mal alimentado. El cuerpo debería ser firme, con un tacto sólido. La piel del abdomen debería ser de un color rosa pálido y estar limpia, sin signos de arañazos ni de erupción cutánea. Examine las extremidades posteriores para asegurarse de que los espolones fueron amputados, si es que los tenía al nacer.

puede proporcionar, etc. A ese criador no se le podrá encontrar en ningún lugar cuando su pequeño monstruo de cuatro patas mal criado y mal adaptado comience a gruñir y a armar alboroto por la noche o cuando ataque al gato.

Escoger a un criador es un primer paso importante. Afortunadamente, la mayoría de criadores de Bulldog están dedicados en cuerpo y alma a la raza y a su bienestar. Los aspirantes a propietarios deberían tener pocos problemas para encontrar a un criador de renombre que no viva en la otra punta del país. La sociedad canina más a su alcance es probable que pueda recomendarle criadores de Bulldog de calidad. Se aconseja a los propietarios potenciales que asistan a las exposiciones caninas para ver a los Bulldog en acción, para conocer a los propietarios y a los presentadores y para hacerse una idea del aspecto que tiene un Bulldog en vivo y no en una fotografía. Si se acerca a los criadores cuando no estén muy ocupados con los perros, la mayoría de ellos estarán encantados en responder a sus preguntas, de recomendarles algún criador y de darle consejos.

Ahora que ya ha establecido contacto y que ha conocido a un criador o a dos y que ha tomado una decisión respecto de cuál de ellos es el que se adapta mejor a sus deseos, es el momento de ver la camada. Recuerde que muchos de los mejores criadores tienen listas de espera. A veces los nuevos propietarios deben esperar hasta dos años para obtener un cachorro. Si es usted realmente fiel al criador que ha elegido, entonces esperará (y ruegue para que haya algún nacimiento pronto). Si no, quizás tenga que recurrir al segundo o tercer criador de su lista. De todas formas, no sea muy impaciente. Si el criador no tiene una lista de espera ni clientes, seguramente

¿SABÍA USTED QUE..?

Su elección de un buen cachorro estará determinada por sus requerimientos. ¿Una promesa para las exposiciones o una buena mascota? Es decisión suya. De todas formas, cualquier cachorro debería tener un buen temperamento. Aunque los cachorros con calidad para la exposición son criados y cuidados con el énfasis puesto en la belleza física, los criadores responsables se esfuerzan por conseguir unos temperamentos igual de buenos. No le compre a un criador que se concentre únicamente en la belleza física a expensas de la personalidad.

habrá alguna buena razón para ello. No hay diferencia alguna con la visita a un bar que no tiene clientela. Los mejores bares y restaurantes siempre tienen una lista de espera, y generalmente esa espera vale la pena. Y además, ¿acaso no es más importante un cachorro que un aperitivo?

DOCUMENTACIÓN

Algunos documentos importantes que recibirá usted de manos del criador son una fotocopia del pedigree de los padres del cachorro, el justificante de inscripción del cachorro en el libro de orígenes genealógico de una sociedad canina, la cartilla de vacunación y el contrato-recibo de compraventa. El criador debería inscribir a toda la camada, y es necesario que posea usted los documentos si tiene la intención de exponer o hacer criar a su perro más adelante.

Asegúrese de conocer las intenciones del criador acerca del tipo de inscripción que le conseguirá para el cachorro, porque en algunos países existen libros de orígenes con registros limitados, que pueden impedir que el perro sea presentado en los certámenes de morfología (belleza), que críe, o participar en pruebas de Trabajo y de Agility, si el criador cree que el cachorro no tiene la suficiente calidad para acometerlas. Existe también un tipo de registro que sólo permitirá al perro participar en las pruebas que no sean de belleza.

En el reverso del certificado del justificante de inscripción en el libro de orígenes, podrá encontrar la sección de transferencia, que debe ser firmada por el criador.

¿SABÍA USTED QUE...?

No debería ni siquiera pasársele por la cabeza comprar un cachorro que tenga aspecto de estar enfermo, malnutrido, muy asustado o nervioso. A veces, un cachorro tímido se animará con usted después de una sesión de 30 minutos para que se conozcan.

Como es probable que escoja a su Bulldog para tenerlo como mascota, debería usted escoger, sencillamente, un cachorro amistoso y atractivo. Los Bulldog suelen tener camadas reducidas, con una media de cinco cachorros, así que su selección estará limitada una vez encuentre una camada deseable. Aunque la estructura básica de la raza varía poco entre líneas, el temperamento puede representar un problema en algunas de ellas. Tenga cuidado con el cachorro tímido o con el que es excesivamente agresivo. Esté especialmente atento al cachorro de Bulldog nervioso. No permita que le dominen los sentimientos para acabar comprando al alfeñique de la camada.

El sexo de su cachorro es, en gran medida, un asunto de gusto personal. Los machos aprenden más lentamente, pero retienen lo aprendido durante más tiempo. La diferencia de tamaño es apreciable aunque pequeña. El color no es un asunto de gran importancia en esta raza.

Como las camadas son reducidas y los Bulldog son caros, los criadores que actúan de forma comercial no están interesados en esta raza. Esto le ayudará en su selección y nos dará la seguridad de que la mayoría de los cachorros procederán de buenas líneas de trabajo y no estarán afectadas por la cría excesiva, por la endogamia o por los innumerables pequeños problemas que han

SEGURO

En algunos países, muchos criadores le ofrecerán un seguro de asistencia veterinaria junto con su nuevo cachorro, lo que es una excelente idea. Las primeras semanas del seguro serán cubiertas por el criador sin ningún coste adicional o sólo con un coste mínimo para usted, permitiéndole hacerse cargo de la póliza cuando ésta supere su fecha de validez. Si tiene usted un perro como mascota, es bueno suscribir una póliza de seguro de este tipo, ya que los gastos veterinarios pueden ser elevados, aunque las vacunas y las revacunaciones rutinarias no están cubiertas. Estudie las muchas opciones que se le ofrecen antes de decidir la mejor.

Estos adorables cachorros de Bulldog han sido sociabilizados con un Bulldog Francés. Todos ellos están creciendo juntos y aprendiendo las normas de la manada los unos de los otros.

Conocer a la camada puede ser muy emocionante y abrumador. Prepare una serie de preguntas para el criador antes de llegar al criadero.

afectado a otras razas. Los precios serán generalmente más altos que en el caso de otras razas.

Los criadores suelen permitir que los visitantes vean la camada hacia la quinta o sexta semana de haber nacido, y los cachorros marchan a sus nuevos hogares entre la octava y la décima semana de vida. Los criadores que permiten que sus cachorros se vayan a una edad muy temprana están más interesados en su dinero que en el bienestar de los animales. Los cachorros necesitan recibir educación de su madre, y la mayoría de las perras continúan enseñándoles buenas maneras y las cosas que deben hacer y las que no, hasta alrededor de la octava semana de edad. Los criadores pasan considerable tiempo con los cachorros de Bulldog para que sean capaces de interaccionar con la «otra especie» (esto es, las personas). Dada la larga historia en común que tenemos las personas y los perros, el establecimiento de lazos entre las dos especies es algo natural, pero debe ser alentado. Un cachorro de Bulldog bien criado y bien sociabilizado no querrá otra cosa sino estar cerca de usted y complacerle.

Compruebe siempre la mordida o cierre del cachorro escogido para asegurarse de que cumpla los requisitos del estándar.

¿SABÍA USTED QUE...?

Si el criador al que le quiere usted comprar el cachorro le hace muchas preguntas de tipo personal, no se sienta molesto. Este criador querrá asegurarse de que cuidará usted bien de su cachorro.

LOS COMPROMISOS QUE CONLLEVA LA PROPIEDAD

Teniendo en cuenta lo dicho hasta aquí, es más que probable que ya haya tomado algunas decisiones muy importantes en lo concerniente a la selección de su cachorro. Ha escogido usted un Bulldog, lo que quiere decir que ya ha decidido qué características quiere en un perro y qué tipo se adaptará mejor a su familia y a su ritmo de vida. Si ha seleccionado a un criador, ya ha dado un paso más: ha investigado y encontrado una persona responsable y consciente que cría Bulldog de calidad y que debería ser una fuente fiable de asesoramiento mientras usted y su cachorro se van adaptando a la vida en común. Si ha visto usted una camada en acción, habrá observado la dinámica de una «manada» de cachorros y, con ello habrá podido fijarse en la personalidad de cada cachorro: quizás incluso ya haya encontrado uno que le guste especialmente.

De todas formas, si todavía no ha dado con el Bulldog de sus sueños, observar cachorros le ayudará a aprender a reconocer ciertas conductas y a determinar lo que indica el comportamiento de un determinado ejemplar. Podrá usted discernir qué cachorros son los líderes, cuáles son menos extravertidos, cuáles están seguros de sí mismos, cuáles son tímidos, juguetones, amistosos, agresivos, etc. Lo que es igualmente importante es que aprenderá usted a reconocer el aspecto que debería tener y cómo debería comportarse un cachorro sano. Todas estas cosas le ayudarán en su elección, y cuando encuentre al Bulldog hecho para usted, lo sabrá.

Investigar acerca de su raza, seleccionar a un criador responsable y observar tantos cachorros como le sea posible son pasos importantes para sus propósitos de ser un buen propietario. Puede dar la impresión de que todo esto supone un gran esfuerzo... ¡y eso que aún no ha traído el cachorro a casa! Recuerde, de todas formas, que nunca se tiene demasiado cuidado cuando se trata de decidir el tipo de perro que quiere y de hacer averiguaciones acerca de los orígenes de su posible cachorro. Comprar un perrito no es (o no debería ser) únicamente otra compra caprichosa. De hecho, ¡ésta es una ocasión en la que usted puede elegir a un miembro de su propia familia! Pero quizás esté pensando que comprar un cachorro debería ser divertido, no debería ser algo tan serio o que lleve tanto trabajo. Recuerde que un cachorro no es ni un peluche ni una estatua decorativa del jardín, sino una criatura que se convertirá en un verdadero miembro de su familia. Se dará cuenta de que aunque su compra es un esfuerzo placentero y emocionante, no es algo para ser tomado a la ligera. Relájese... ¡la diversión empezará cuando el cachorro llegue a casa!

Recuerde siempre que un cachorro no es más que un bebé con un disfraz peludo... un bebé que se halla virtual-

SU AGENDA...

Si lleva usted una vida versátil e impredecible, debido a su trabajo, tenga en cuenta los problemas de tener un cachorro. Debe ser alimentado con regularidad, sociabilizado (querido, acariciado, manipulado, presentado a otras personas) y, sobre todo, se le de-

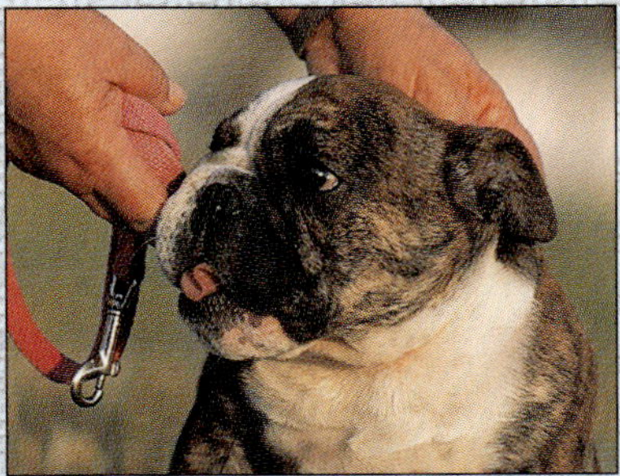

be permitir conocer el mundo exterior para adiestrarle en hacer sus necesidades. A medida que el perro crece, puede mostrarse más tolerante respecto a la alimentación y hacer sus necesidades.

mente desprotegido en un mundo humano y que confía en su propietario para que satisfaga sus necesidades básicas para sobrevivir. Además del agua y de un refugio, su cachorro necesita cuidados, protección, dirección y cariño. Si no está usted preparado para comprometerse con esto, entonces no está preparado para ser el propietario de un perro.

Espere un minuto, dirá usted. ¿Tan duro puede llegar a ser esto? Todos mis vecinos tienen perros y parecen estar haciéndolo muy bien. ¿Por qué tendría que preocuparme todo esto? Bien, no tendría usted que preocuparse. De hecho, probablemente encontrará que una vez su cachorro de Bulldog se acostumbre a su nuevo hogar, encajará dentro de la familia de forma bastante natural; pero nunca hace daño advertir acerca de los compromisos que conlleva el ser propietario de un perro. Con algo de tiempo y paciencia, no es realmente difícil criar a un cachorro de Bulldog curioso y exuberante para que llegue a ser un perro adulto bien adaptado y con buenas maneras: un perro que puede llegar a ser su amigo más fiel.

¿SABÍA USTED QUE...?

El coste del alimento también debe ser tenido en cuenta. Todos los perros necesitan

un alimento de calidad con un buen aporte de proteínas para el desarrollo de sus huesos y músculos. La mayoría de los perros no son quisquillosos con la comida, pero de no ser alimentados correctamente pueden verse afectados por problemas de piel.

LA PREPARACIÓN DEL LUGAR DEL CACHORRO EN SU HOGAR

Estudiar su raza y encontrar un criador son sólo dos de los «deberes» que tendrá que hacer antes de traer su cachorro a casa. También tendrá que preparar su hogar y a su familia para este nuevo miembro. De forma muy parecida a como prepararía usted una habitación para un bebé recién nacido, necesitará asignar un lugar en la casa que será el lugar propio del cachorro. Cómo prepare su hogar dependerá de cuánta libertad se le vaya a permitir. Sea lo que sea lo que usted decida, debe asegurarse de que el perro tenga un lugar que pueda considerar como suyo propio.

Cuando traiga el cachorro a casa, le está llevando a un lugar que también se convertirá en la casa de él. Obviamente, usted no compró un cachorro para que pudiera hacerse el amo y señor de su vi-

Debería dar la bienvenida a su cachorro de Bulldog a su hogar y darle tiempo para que se adapte. Parece como si este Bulldog ya hubiera encontrado su lugar en casa.

vienda; pero para que un cachorro pueda crecer y convertirse en un perro estable y bien adaptado, debe sentirse cómodo en su ambiente. Recuerde que está abandonando el calor y la seguridad de su madre y sus compañeros de camada, además de la familiaridad del único lugar que ha conocido, así que es importante hacer que su transición sea lo más suave posible. Mediante la preparación de un lugar para el cachorro en su casa, está haciendo que se sienta bien recibido en un lugar nuevo y extraño. No debería llevarle mucho tiempo acostumbrarse, pero el repentino shock de verse llevado de un lugar a otro es, en cierta forma, traumático para un cachorro joven. Imagínese cómo se sentiría un niño pequeño en la misma situación: así es como se debe estar sintiendo su cachorro. Es responsabilidad suya tranquilizarle y hacerle saber que «¡Pequeñajo, te va a gustar mucho vivir aquí!»

LO QUE DEBERÍA USTED COMPRAR

Jaula

Para alguien que no esté familiarizado con el uso de jaulas para el adiestramiento canino, le puede parecer como un castigo encerrar a un perro en una de ellas, pero no es así en absoluto. Aunque no todos los criadores son partidarios del adiestramiento de jaula, más y más criadores y adiestradores recomiendan las jaulas como un instrumento ideal para los cachorros, ya sean mascotas; o bien futuros perros de exposición. Las jaulas no son crueles: son muy humanas y resultan de gran ayuda para el cuidado y el adiestramiento de los perros. Por ejemplo, el adiestramiento para acostumbrarle a la jaula es un método muy seguro y popular para la educación básica del cachorro. Una jaula puede ayudar a que su perro viaje seguro y quizás, y más importante, le proporciona un lugar suyo propio dentro de casa. Le sirve como «habitación del perro»: su Bulldog se puede enroscar dentro de ella cuando le apetezca dormir o cuando, sencillamente, necesite una pausa. Muchos perros duermen en sus jaulas durante la noche. Cuando su suelo está recubierto con un lecho mullido y tiene allí su juguete favorito, una jaula se convierte en una cómoda guarida para su perro. Al igual que sus antepasados, él también buscará la comodidad y el refugio de un cubículo. Resulta que usted le

FOTOGRAFÍA CORTESÍA DE DOSKOCIL.

Su tienda de mascotas debería poder ofrecerle un surtido de jaulas para su perro. Una jaula del tamaño adecuado debería durar toda la vida del perro.

está proporcionando algo un poco más lujoso que aquello de lo que disfrutaban sus antepasados.

Mientras adquiera una jaula, el tipo que compre es decisión suya. Lo más seguro es que sea de uno de los dos tipos más populares: de alambre o de fibra de vidrio (también llamados «transportines»). Hay ventajas y desventajas para cada uno de ellos. Por ejemplo, una jaula de alambre es más abierta,

CONSEJOS PARA EL ADIESTRAMIENTO DE JAULA

Durante el adiestramiento para que se acostumbre a la jaula debería hacer una parti-

ción de la sección en que estará el cachorro. Si se le da demasiado espacio, esto dificultará sus esfuerzos por adiestrarle. El adiestramiento para que se acostumbre a ella está basado en que a un perro no le gusta ensuciar el lugar donde duerme, así que no es efectivo tener a un cachorro en una jaula tan grande que pueda hacer sus necesidades en una punta y alejarse de allí para dormir limpio. Además, querrá usted que la jaula le parezca al cachorro una guarida. Las mantas y su juguete favorito harán que sea cómoda para el pequeño cachorro. A medida que crezca, quizás quiera usted desalojar algunos de sus «compañeros de habitación» para que tenga más espacio.

Si se le da algo de tiempo para acostumbrarse, su cachorro se adaptará a su «casa dentro de casa» bastante bien.

permite una mejor circulación del aire y le proporciona una mayor visión de lo que ocurre a su alrededor, mientras que una jaula de fibra de vidrio es más robusta. Ambas pueden servir como jaula de viaje, proporcionando protección al perro. El tamaño es otro factor a tener en cuenta. Los cachorros no son siempre cachorros. De hecho, a veces parece como si estuvieran creciendo ante sus propios ojos. Una jaula de tamaño como para un Yorkshire Terrier puede ser muy buena para un cachorro de Bulldog muy joven, pero no le será útil por mucho tiempo. A no ser que tenga usted el dinero y la predisposición para comprar una jaula nueva cada vez que su cachorro sufra un estirón en su crecimiento, será mejor hacerse con una que le sirva tanto ahora como cachorro como cuando sea adulto. Será necesaria una jaula de tamaño mediano para un Bulldog totalmente crecido, que tiene una talla de unos 41 cm.

Cuando compre una jaula para su cachorro de Bulldog, hágase con una que sea lo suficientemente grande para cuando el animal esté completamente crecido.

Lecho

El lecho de tipo veterinario dentro de la jaula del perro le ayudará a sentirse más como si estuviera en casa, y quizá también quiera meter una pequeña manta dentro de la jaula. Ésta ocupará el lugar de las hojas, ramas, etc., que el cachorro usaría en la naturaleza para hacerse una guarida. El cachorro puede hacerse su propia guarida en la jaula. Aunque su Bulldog está bastante apartado de sus antepasados, conserva el instinto de hacerse su refugio. En segundo lugar, hasta el momento en que traiga su cachorro a casa éste habrá estado durmiendo junto al calor de su madre y el de sus compañeros de camada, y aunque una manta no sea tan cálida como un cuerpo vivo, también proporciona calor y algo para acurrucarse. Deberá usted limpiar las mantas de su perro con frecuencia, si se da el caso de que se ensucia dentro de la jaula, y cambiar o sacar cualquier manta

Las jaulas y las perreras pretenden ser un lugar cómodo para el descanso de su perro. Las jaulas son necesarias para viajar con su Bulldog.

Los nuevos propietarios deberían comprar una cama para perros y unos pocos juguetes y objetos para morder que sean lo suficientemente robustos para resistir los dientes fuertes y afilados del cachorro de Bulldog.

que se rompa o que empiece a deshilacharse.

Juguetes

Los juguetes son imprescindibles para los perros de cualquier edad, especialmente para los cachorros curiosos y juguetones. Ellos son los «niños» del mundo de los perros, y ¿a qué niño no le gustan los juguetes? Los juguetes para morder proporcionan un disfrute tanto al perro como al dueño. Su perro disfrutará con sus juguetes favoritos, mientras que usted disfrutará porque esto le distrae de jugar con sus zapatos y su sofá de piel. A los cachorros les encanta morder. De hecho, morder es una necesidad física para los cachorros cuando les están saliendo los dientes y cualquier cosa les parecerá apetecible. Todas sus pertenencias (desde un viejo trapo de cocina hasta una alfombra oriental) son válidas a los ojos de un cachorro al que le están saliendo los dientes. No son demasiado selectivos cuando se trata de encontrar algo sobre lo que, literalmente, clavar sus dientes: cualquier cosa les sabrá a gloria.

Como los cachorros de Bulldog son mordedores bastante agresivos, sólo se les deberían ofrecer los juguetes más fuertes y resistentes. Los criadores recomiendan a los propietarios que eviten los juguetes de peluche (con relleno), ya que el animal puede destriparlos en un abrir y cerrar de ojos. El excitado cachorro puede ingerir el relleno, que no es ni digestible ni nutritivo.

De forma parecida, los juguetes que hacen ruidos son bastante populares, pero deben evitarse en el caso del Bulldog. Quizá se podría usar un juguete que emite pitidos como ayuda durante el adiestramiento, pero no para que el cachorro juegue libremente con él. Si un cachorro destroza uno de estos juguetes, el pequeño silbato de plástico que tienen en el interior podría ser peligroso si se lo traga. Vigile su estado cuidadosamente y deshágase de cualquiera de ellos que haya sido mordido hasta llegar al punto de que pudiera llegar a ser peligroso.

Utilice sólo juguetes para perros que sean lo suficientemente resistentes para el Bulldog. Las pelotas deberían ser duraderas y muy grandes, para que el perro no se las pueda tragar. Las tiendas de mascotas suelen disponer de una amplia gama de juguetes para perros.

Tenga cuidado con los huesos naturales, que pueden astillarse dando lugar

Existen, literalmente, cientos de juguetes para perros entre los que elegir para su Bulldog.

a aristas afiladas y peligrosas. Tenga también cuidado con el cuero de vaca, que puede dar lugar a trocitos que pueden ser tragados con facilidad, y que también puede formar un gran estropicio y suciedad sobre su alfombra.

Los juguetes no son sólo esenciales para el cachorro de Bulldog. Ésta es una raza a la que le encanta morder, así que esté preparado para ir proporcionándole muchos juguetes apropiados para morder durante toda su vida.

Su tienda de mascotas dispondrá de una amplia variedad de correas de varios tamaños, materiales y colores.

JUGUETES, JUGUETES...

Con la gran variedad de juguetes para perros que hay a su disposición, y tantos de ellos que parece que vayan a ser muy divertidos para un perro, tenga cuidado al elegirlos. Es increíble lo que pueden llegar a hacer los

dientes de un cachorro con un juguete de aspecto inocente, así que, obviamente, la seguridad es una cosa muy importante a tener en cuenta. Asegúrese de escoger los productos más duraderos que pueda encontrar. Los huesos y los juguetes de nylon resistente son una apuesta segura, y muchos de ellos tienen diferentes olores y sabores que seguro que captarán la atención de su perro. Siempre es divertido jugar con su perro a que coja y le traiga cosas que usted le lanza, y hay pelotas y discos voladores especialmente fabricados para resistir los dientes de los perros.

CORREA

Una correa de nylon es quizás la mejor opción, ya que es la más resistente a los dientes del cachorro, si es que le da por morderla. Desde luego, éste es un

Los recipientes de acero inoxidable o de plástico resistente y grueso son opciones populares para los Bulldog. Como les gusta morder cualquier cosa que tengan a su alcance, los Bulldog pueden destrozar los objetos fabricados con materiales poco resistentes.

hábito que debería ser cortado de raíz, pero si a él le gusta morder su correa, tendrá muy pocas posibilidades de hacer mella en ella. Las correas de nylon son también livianas, lo que es bueno para un cachorro que esté empezando a acostumbrarse a la idea de pasear con correa. Para los paseos diarios y por la seguridad, la correa de nylon es una buena elección. A medida que su cachorro crezca y se acostumbre a ella, quizás quiera comprar una correa extensible. Este tipo de correa le permitirá darle más longitud, para así proporcionarle un área más amplia para explorar, o recoger correa cuando le quiera tener cerca de usted. Por supuesto, existen correas especiales para el adiestramiento, pero no son necesarias para los paseos rutinarios.

Collar

Su cachorro debería acostumbrarse a llevar collar durante todo el tiempo, ya que deberemos fijar en él sus placas de identificación. Además, tendrá usted que unir la correa a algún lugar. Un collar liviano de nylon es una buena elección. Asegúrese de que se adapta con la suficiente comodidad como para que el cachorro no se pueda escabullir de él, pero también de que no le apriete de forma incómoda el cuello. Debería usted poder meter un dedo entre el collar y el cuello. A su cachorro puede llevarle algo de tiempo acostumbrarse, pero pronto ni se dará cuenta de que lo lleva. Los collares estranguladores están hechos para el adiestramiento, pero sólo debe utilizarlos un propietario experimentado.

Recipientes para la comida y el agua

Su cachorro necesitará dos recipientes: uno para la comida y otro para el agua. Quizás quiera usted tener dos juegos de ellos: uno para el interior y otro para fuera de casa, dependiendo de dónde vaya a ser alimentado el pe-

RESPONSABILIDAD ECONÓMICA

Los utensilios para el acicalado, el collar, la correa, el lecho y, por supuesto, los juguetes, le supondrán unos gastos cuando compre usted a su cachorro, y el coste irá siendo constante a lo largo de toda la vida de su perro. Si su cachorro daña o destroza sus posesiones (como la mayoría de los cachorros seguramente harán), o algo que pertenezca a un vecino, podrá usted calcular que tendrá gastos adicionales. También tenemos el control de las pulgas y los parásitos, que todo propietario tendrá que afrontar más de una vez. Debe usted poder hacerse cargo de la responsabilidad económica que conlleva tener un perro.

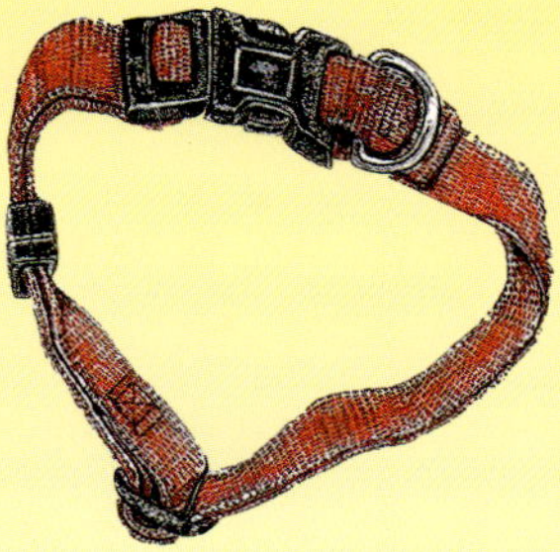

El COLLAR DE HEBILLA es el collar estándar de uso diario. Asegúrese de ir ajustando la hebilla a medida que el cachorro crezca. Contrólelo cada día, ya que puede apretarle demasiado de un día para otro. Estos collares pueden estar hechos de cuero o de nylon. Una las placas de identificación de su perro a este collar.

El COLLAR ESTRANGULADOR DE ESLABONES es el modelo que se suele recomendar para el adiestramiento. Está fabricado con acero muy pulido para que se deslice con facilidad por la anilla. Con este collar el perro controla la presión alrededor de su cuello y deja de tirar si le aprieta demasiado. Nunca se lo deje puesto cuando no le esté adiestrando.

El ARNÉS es para un perro adiestrado que deba ir sujeto para que no escape corriendo, se vaya detrás de un gato, o algo por el estilo. Considerado como el más humano de todos los collares, se usa frecuentemente en los perros pequeños para los que otros collares no resultan cómodos.

Asegúrese de proporcionarle a su Bulldog recipientes limpios para la comida y el agua. Siempre debe haber agua a disposición de su Bulldog.

Fotografía cortesía de Mikki Pet Products.

rro y de dónde vaya a pasar la mayor parte de su tiempo. Los platos y boles de acero inoxidable y los de plástico resistente son opciones populares. Los de plástico resultan más fáciles de morder. Los perros tienden a no morder los de acero, que además pueden ser esterilizados. Es importante que sean resistentes, ya que cualquier cosa puede ser mordida por los dientes de su cachorro y usted no querrá que esté destrozando continuamente su plato (¡por la seguridad de él y por la cartera de usted!).

Utensilios para la limpieza

Hasta que un cachorro no esté educado en hacer sus necesidades, tendrá usted que limpiar mucho. Él orinará y defecará allá donde no debe, lo que al principio deberá tolerarse, ya que no sabe hacerlo mejor. Todo lo que usted puede hacer es estar preparado para limpiar los excrementos. Es útil tener a mano trapos viejos, toallas, papel de periódico y un desinfectante seguro.

A PRUEBA DE CACHORROS

Ponga su casa y su jardín a prueba de cachorros de forma concienzuda antes de traer el animal a casa. Nunca use venenos para las cucarachas o los roedores en ninguna zona a la que el cachorro tenga acceso. Evite usar sustancias para la limpieza de la taza de los retretes. La mayoría de los perros nacen con la tendencia a dirigirse hacia ellas, y beberán de allí si deja la tapa abierta. Tenga también la basura bien cerrada y lejos de su alcance.

MÁS ALLÁ DE LO BÁSICO

Los objetos previamente expuestos cubren las necesidades esenciales. Ya se irá dando cuenta, con el tiempo, de qué otras cosas le harán falta: utensilios para el acicalado, protección contra las pulgas y las garrapatas, vallas para bebés para hacer divisiones en una habitación, etc. Estas cosas variarán dependiendo de su situación, pero es importante que tenga en seguida todas las cosas que necesite para alimentarle y para hacer que su Bulldog se sienta cómodo durante sus primeros días en casa.

Un buen propietario de un perro recogerá sus excrementos. Las tiendas de mascotas disponen de utensilios para hacer que esta tarea sea menos pesada.

PONER SU CASA A PRUEBA DE CACHORROS

Aparte de asegurarse de que su Bulldog estará cómodo en su casa, tendrá que asegurarse también de que su casa sea segura para su Bulldog. Esto significa tomar precauciones para asegurarse de que su cachorro no se meterá en nada en lo que no debiera y que no habrá nada a su alcance que pueda hacerle daño si lo huele, lo muerde, lo inspecciona, etc. Esto probablemente parecerá obvio, ya que aunque usted está, en primer lugar, preocupado por la seguridad de su cachorro, no querrá, al mismo tiempo, que sus pertenencias acaben destrozadas. Las cosas que se puedan romper deberían estar fuera de alcance, si es que va a poder moverse con total libertad por toda la casa. Si se le va a limitar el acceso a ciertos lugares, guarde cualquier objeto potencialmente peligroso fuera de las zonas donde va a estar él. Un cable eléctrico puede suponer un pe-

¿SABÍA USTED QUE...?

Algunos expertos en la salud canina advierten que el estrés durante los primeros años del desarrollo de un perro pueden afectar y debilitar su sistema inmunitario y pueden desencadenar el potencial para una esperanza de vida más corta. Dichos expertos ponen énfasis en la necesidad de que el animal tenga unos años de crecimiento felices y libres de estrés.

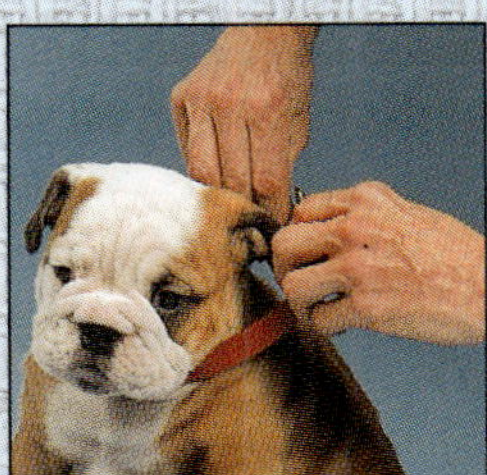

¿SABÍA USTED QUE...?

Llevar su perro desde la casa del criador a la suya en coche puede ser una experiencia bastante incómoda para ambos. El cachorro habrá sido apartado de su ambiente cálido, amistoso y seguro, y será llevado en un ambiente nuevo y extraño: un ambiente que se mueve (el coche). Esté preparado para que su perro defeque y se orine, llore, se queje e incluso muerda debido al miedo. Con el cariño y los ánimos adecuados cuando llegue a casa, el estrés del viaje debería desaparecer rápidamente.

ligro si el cachorro decidiera probarlo (¿y quién va a convencerle de que no es un excelente juguete para morder?). Los cables eléctricos deberían ser fijados fuertemente a las paredes. Si su perro va a pasar tiempo en una jaula, asegúrese de que no haya nada cerca de ella que pudiera alcanzar si saca su curiosa y pequeña trufa o sus manitas a través de las aberturas. Al igual que haría en el caso de un niño, guarde todas las cosas para limpiar la casa y las sustancias químicas donde el cachorro no pueda alcanzarlas.

También es importante asegurarse de que el exterior de su casa sea seguro. Desde luego, un cachorro no debería estar sin supervisión, pero si se le deja

Un cachorro de Bulldog sociabilizándose con un Griffon de Bruselas. Una vez esté correctamente vacunado, su perro puede ser presentado a los perros que usted conozca y que tengan un temperamento amable y amistoso.

suelto en un jardín querrá correr y explorar y debería tener esa libertad. No permita que una valla le dé una falsa sensación de seguridad. Se sorprendería de lo habilidoso (y persistente) que puede llegar a ser un perro a la hora de averiguar cómo excavar y abrirse paso a través de agujeros estrechos o cómo saltar o escalar una valla. Aunque los Bulldog no son escaladores, la valla debería sea lo suficientemente alta como para que resulte realmente imposible que pueda saltar por encima de ella (unos dos metros debieran ser suficientes), y que esté bien clavada en el suelo. Asegúrese de reparar o cerrar cualquier agujero en ella, examine la valla periódicamente para comprobar que su estado de conservación sea bueno y repárela a medida que vaya siendo necesario. Un cachorro muy decidido puede volver a un mismo punto para seguir trabajándolo hasta que sea capaz de pasar a través de él.

¿SABÍA USTED QUE...?

A su cachorro le llevará por lo menos dos semanas acostumbrarse a su nuevo entorno. Déle mucho cariño, atenciones, ma-

nejo, oportunidades frecuentes para que haga sus necesidades, un alimento que le guste comer y un lugar que pueda considerar como suyo propio.

LA PRIMERA VISITA AL VETERINARIO

Ya ha escogido a su cachorro y su casa y su familia están preparadas. Ahora, lo que falta es ir a recoger su Bulldog de manos del criador, y empieza la diversión, ¿no? Bien... no tan rápido. Algo más que es necesario que usted prepare es la primera visita de su cachorro al veterinario. Quizás el criador le pueda recomendar alguno que esté especializado en Bulldog, o quizás conozca usted a otros propietarios de Bulldog que le puedan recomendar un buen veterinario. Sea como fuere, debería usted tener concertada una cita para su cachorro antes de irle a buscar, y tener programado llevarle a que le hagan un chequeo antes de traerlo a casa.

La primera visita del cachorro consistirá en un examen general para asegurarse de que no tenga ningún problema que haya pasado desapercibido. El veterinario también le fijará una agenda para las vacunaciones. El criador le informará de cuáles le han sido ya administradas y el veterinario podrá continuar a partir de ahí.

LA PRESENTACIÓN A LA FAMILIA

Todos en casa estarán emocionados ante la llegada del cachorro al hogar y querrán acariciarle y jugar con él, pero es mejor hacer las presentaciones poco a poco para no asustar al cachorro. Él ya está receloso. Es la primera vez que le han separado de su madre y del criador, y el viaje hasta llegar a su casa supondrá, seguramente, la primera vez que ha montado en coche. La última cosa que debe hacer será agobiarle, ya que esto le asustaría todavía más. Con esto no se pretende decir que el contacto humano no sea extremadamente necesario en esta etapa, ya que éste es el periodo en el que se crea un vínculo entre el cachorro y su familia humana. Las caricias suaves y las palabras tranquilizadoras deberían consolarle, al igual que dejarle en el suelo para que explore por su cuenta (bajo su atenta mirada, por supuesto).

El cachorro quizá se aproxime a los miembros de la familia o puede mantenerse ocupado explorando durante un rato. Gradualmente, cada persona, una cada vez, debería pasar algo de tiempo con él, agachándose o poniéndose en cuclillas para acercarse lo máximo posible al nivel del cachorro, dejándole olisquear sus manos y acariciándole suavemente. Desde luego, necesita atención humana y que le toquen: ésta es la manera de formar un lazo inmediatamente. Recuerde que el cachorro está experimentando muchas cosas por primera vez y todas al mismo tiempo. Hay nuevas personas, nuevos ruidos, nuevos olores y nuevas cosas que investigar, así que sea cuidadoso, cariñoso y tan reconfortante como pueda serlo.

¿SABÍA USTED QUE...?

Probablemente empezará alimentando a su cachorro con la misma comida que le daba el criador. Éste debería proporcionarle alimento suficiente para algunos días, para ayudarle a empezar. Aunque no debería dar a su cachorro demasiadas golosinas, querrá tener algunas a mano para halagarle, adiestrarle, recompensarle, etc. Tenga cuidado, pues como las necesidades calóricas de un cachorro pequeño son bajas, unas pocas golosinas pueden suponer sus requerimientos calóricos completos de un día, y esto no significaría una nutrición equilibrada.

LA PRIMERA NOCHE DE SU CACHORRO EN CASA

Ha viajado hasta casa con su nuevo cachorro, que iba seguro en su cesta o su jaula. Ha ido al veterinario para que le hiciera un chequeo concienzudo, le han pesado, se han examinado sus papeles; quizás incluso ya haya sido vacunado y desparasitado internamente. Ha conocido a la familia, ha lamido a todos, incluidos a los emocionados niños y al no-tan-contento gato. Ha explorado su área, su nueva cama, el jardín y cualquier otra zona que se le haya permitido. Ha tomado su primera comida en casa y ha hecho sus necesidades en el lugar adecuado. Ha oído muchos sonidos nuevos, olido a nuevos amigos y ha visto más mundo que nunca.

¡Y eso sólo ha sido el primer día! Está exhausto y está listo para irse a la cama... ¡o eso cree usted!

Es la primera noche para el cachorro y ya está usted listo para decirle «Buenas noches». Recuerde que es la primera vez que duerme solo. Su madre y sus compañeros de camada ya no están a su lado y él está un poco asustado, siente frío y está solo. Tranquilice al nuevo miembro de su familia. Éste no es el momento para malcriarle y ceder ante las súplicas de su inevitable lloriqueo.

Los cachorros lloriquean. Se quejan para hacer saber a los demás dónde están, y con la esperanza de obtener compañía gracias a ello. Coloque su cachorro en su nueva cama o jaula en la habitación de él y cierre la puerta. Con suerte, puede que se quede dormido sin decir ni pío. Si ocurre lo inevitable, ignore sus quejidos: no le pasa nada. Sea fuerte y piense en lo que es mejor para él. No se sienta culpable y no vaya a verle. Acabará durmiéndose.

Muchos criadores recomiendan colocar un trozo del lecho de su primer hogar en su nueva cama, para que así reconozca el olor de sus compañeros de camada. Otros aconsejan, además, colocar una botella o bolsa de agua caliente en su cama para que le dé calor. Ésta puede ser una buena idea, siempre y cuando el cachorro no intente mamar de ella, ya que entonces se mojará, se pondrá perdido y no se dormirá tan rápidamente.

Los criadores suelen acostumbrar a los cachorros a las jaulas antes de que éstos marchen hacia sus nuevos hogares. Este cachorro ya se siente cómodo dentro de ella, lo que será ventajoso para cuando su nuevo propietario le adiestre.

La primera noche del cachorro puede ser un poco estresante tanto para él como para su nueva familia. Recuerde que está usted marcando la pauta de lo que será la hora de irse a dormir en su casa. A no ser que quiera usted jugar con su cachorro cada noche a las 22:00 h, a medianoche y a las 2:00 h, no dé pie al hábito. Su familia se lo agradecerá, y también lo hará su cachorro.

PREVENCIÓN DE PROBLEMAS DEL CACHORRO

Sociabilización

Ahora que ya ha hecho todo el trabajo preparatorio y que ha ayudado a su cachorro a acostumbrarse a su nueva casa y a su familia, es tiempo de que usted se divierta un poco. Sociabilizar a su Bulldog le da la oportunidad de presumir de su nuevo amigo, y su cachorro cuenta con la ventaja de ser una criaturilla adorable a la que la gente querrá acariciar y, en general, todos pensarán que es absolutamente precioso.

Aparte de ir conociendo a su nueva familia, su cachorro debería ser puesto en contacto con otras personas, animales y situaciones, pero, por supuesto, no debería entrar en contacto con perros a los que usted no conozca bien hasta haber completado sus tandas de vacunaciones. Esto le ayudará a adaptarse adecuadamente a medida que crezca y a ser menos propenso a la timidez o a tener miedo de las cosas nuevas con las que se irá encontrando.

SOCIABILIZACIÓN

La sociabilización exhaustiva incluye no sólo conocer a personas nuevas sino también presentarle nuevas experiencias como montar en coche, que le cepillen, ver

y oír la televisión, caminar entre la multitud: la lista es interminable. Cuantas más cosas experimente su cachorro y cuanto más positivas sean las experiencias, le supondrá una menor impresión y le resultará menos amedrentador encontrarse con cosas nuevas.

La sociabilización de su cachorro ya empezó en casa del criador, pero ahora es responsabilidad suya continuar con ella. La sociabilización que reciba hasta las 12 semanas de vida es la más crítica, ya que éste es el periodo en que se forman sus impresiones del mundo exterior. Tenga especial cuidado durante el periodo que va de las ocho a las diez semanas de vida, también conocido como el «periodo de miedo». Las interacciones que tenga durante esta etapa debieran ser cuidadosas y tranquilizadoras. La falta de sociabilización se puede manifestar en forma de miedo y agresividad a medida que crece. Necesita mucho contacto humano, cariño, que le toquen y conocer a otros animales.

Una vez que a su cachorro le hayan sido administradas las vacunas necesarias, siéntase con la total libertad de llevarle de acá para allá (con su correa puesta, por supuesto). Llévelo a pasear por el vecindario, a hacer sus gestiones diarias, deje que la gente le acaricie, déjele conocer a otros perros y mascotas, etc. Los cachorros no tienen que esforzarse para hacer amigos: no faltará gente que querrá conocerlo. Sencillamente asegúrese de supervisar con cuidado cada uno de estos encuentros. Si los niños del vecindario quieren decirle hola, por ejemplo, eso será genial. Los niños y los cachorros son, las más de las veces, grandes compañeros. Quizás un niño excitado puede, sin mala intención, coger a un cachorro un poco salvajemente, o un cachorro demasiado entusiasta puede, juguetonamente, dar un

¿MACHO O HEMBRA?

Otro aspecto importante a tener en cuenta es el sexo de su cachorro. Como

compañera de la familia, la mejor opción puede que sea una perra, dada la preocupación innata de la hembra por las criaturas pequeñas y la tolerancia y la paciencia que le son propias.

mordisco demasiado fuerte. Estas experiencias de sociabilización deberían ser positivas. Lo que un cachorro aprenda durante esta muy formativa etapa quedará impreso en su actitud hacia sus futuros encuentros. Usted quiere que su perro se sienta cómodo con todo el mundo. Un cachorro que tenga una mala experiencia con un niño puede crecer siendo un perro tímido o agresivo con los niños.

CONSTANCIA EN EL ADIESTRAMIENTO

Los perros, como animales de manada que son, necesitan por naturaleza a un líder, o si no ellos tratarán de imponer su dominio en la manada. Cuando usted traiga un perro a casa con su familia, quién se convierte en el líder y quién en el resto de la manada es cosa de usted. La búsqueda intuitiva del dominio por parte de su cachorro, sumada al hecho de que es prácticamente imposible mirar a un adorable cachorro de Bulldog con sus ojillos curiosos sin rendirse ante él, le dan una ventaja casi desleal para conseguir el liderazgo. Un cachorro lo intentará todo para ver con qué puede y con qué no puede salir airoso. No ceda ante esos ojillos suplicantes. Manténgase firme en lo que respecta a disciplinarle, y asegúrese de que todos los miembros de su familia hagan lo mismo. Lo único que conseguiríamos sería confundir al cachorro si mamá le dice que se aparte del sofá cuando está acostumbrado a utilizarlo

CONSEJOS PARA EL ADIESTRAMIENTO

Adiestrar a su cachorro requiere paciencia y puede ser frustrante, pero debería ver los resultados de sus esfuerzos. Si tiene un cachorro que parece inadiestrable, llévelo a

un adiestrador o un etólogo (especialista del comportamiento). Puede tener un problema de personalidad que necesite la ayuda de un profesional, o quizás usted necesite ayuda para adiestrarle.

con papá para ver el telediario por la noche. Evite las discrepancias haciendo que todos los miembros de la familia decidan las reglas incluso antes de que el cachorro llegue a casa... y manténgase firme a la hora de hacerlas cumplir. El adiestramiento temprano moldea la personalidad del perro, para que así no tenga usted dudas en cuanto a lo que puede esperar.

PROBLEMAS COMUNES DEL CACHORRO

La mejor manera de prevenir problemas con el cachorro es tomar medidas para evitar una conducta indeseable tan pronto como comience. El viejo dicho según el cual «No se pueden enseñar trucos nuevos a un perro viejo» no es necesariamente cierto, pero sí es verdad que resulta más fácil desalentar el mal comportamiento en un cachorro joven en crecimiento, que es-

¿SABÍA USTED QUE...?

Los criadores rara vez entregan sus cachorros hasta que tienen de ocho a diez semanas de edad. Ésta es una edad aceptable para las razas caninas, a excepción de las razas miniatura, a las que no se deja marchar hasta alrededor de las 12 semanas, dado su pequeño tamaño. Si un criador tiene un cachorro de 12 o más semanas, lo más probable es que ya esté bien sociabilizado y haya recibido su educación básica.

CONSEJOS PARA LOS MORDISCOS

El mordisquear se da la mano con el morder en el sentido de que un cachorro al que le estén saliendo los dientes siempre buscará maneras de aliviar sus doloridas encías. En este caso, en lugar de morderle a usted, quizás la tome con sus zapatos o con cualquier otra cosa que no debiera morder. De nuevo dése cuenta de que éste es un comportamiento normal para un perro, que no debe ser desalentado, sino simplemente reconducido. Su cachorro sólo necesita que se le muestre lo que es aceptable morder y qué cosas no debe tocar. Dígale NO constantemente cuando le pille mordiendo algo prohibido, y déle un juguete para que lo muerda. Por el contrario, elógiele cuando le pille mordiendo algo adecuado. De esta forma está usted desalentando la conducta inadecuada y reforzando la deseada. Los mordiscos del cachorro deberían parar después de que le hayan salido los dientes de adulto, pero los perros adultos continúan mordiendo debido a varias razones: quizás porque están aburridos, o para aliviar las tensiones, o quizás porque sencillamente les gusta morder. Por ello es importante reconducir estos mordiscos mientras todavía es joven.

VALLADO ELÉCTRICO

Los sistemas de vallado eléctrico, que forman una valla invisible, funcionan con un collar que opera mediante pilas y que le da una descarga al perro si éste se acerca demasiado al cable enterrado (o elevado). Hay gente que tiene muy buena opinión de este sistema para controlar que el perro vagabundee. Recuerde que el collar lleva pilas. En aras de la seguridad, cambie las pilas cada mes y use las de la mejor calidad posible.

perar hasta que la mala conducta del cachorro se convierta en un hábito para el perro adulto. Hay algunos problemas que son especialmente prevalentes en los cachorros a medida que éstos crecen.

Mordiscos

A medida que a los cachorros les empiezan a salir los dientes sienten la necesidad de hincarlos sobre cualquier cosa que esté a su alcance. Desgraciadamente, esto incluye sus dedos de la mano, brazos y dedos del pie. Quizás encuentre usted esta conducta divertida durante los primeros cinco segundos... hasta que sienta lo afilados que son sus dientes. Esto es algo que deberá cortar de inmediato y constantemente con un «¡No!» firme (o con la cantidad de «Noes» necesarios para que entienda que no debe hacer esto). A continuación sustituya su dedo por un juguete para morder adecuado. Aunque esta conducta es meramente molesta cuando el perro es joven, puede volverse peligrosa a medida que los dientes de adulto de su Bulldog crezcan y que sus mandíbulas se desarrollen, si continúa pensando que está bien mordisquear los apéndices humanos. Su Bulldog no pretende hacer ningún daño con un mordisco amistoso, pero al mismo tiempo no es consciente de su propia fuerza.

¿SABÍA USTED QUE...?

La mayoría de los problemas que se ven en los cachorros desaparecerán cuando su perro crezca. La forma en la que usted resuelva los problemas cuando él es joven determinará su manera de reaccionar a la disciplina

cuando sea un perro adulto. Es importante establecer inmediatamente quién es el jefe (¡es de esperar que lo será usted!) cuando está usted estableciendo los primeros lazos con su perro. Estos lazos marcarán las pautas para el resto de su vida juntos.

Un amigo con quien jugar y muchos juguetes para morder... ¿qué podría hacer más feliz a un Bulldog?

Lloros/Quejidos

Frecuentemente su cachorro llorará, se quejará, lloriqueará, aullará u organizará algún tipo de alboroto cuando se le deje solo. Ésta es, básicamente, su forma de llamar la atención, para asegurarse de hacerle saber que él está ahí y que usted no se ha olvidado de él. Se siente inseguro cuando le dejan solo, cuando usted está fuera de casa y él se halla en su jaula, o cuando usted está en otra parte de la casa y él no puede verle. El ruido que hace es una manera de expresar la ansiedad que siente, así que necesita que le enseñen que quedarse solo no es un problema. De hecho no está usted adiestrando al perro para que pare de hacer ruido: le está enseñando a que se sienta cómodo cuando se quede solo y de esta manera está eliminando la necesidad que él tiene de hacer ese ruido. Aquí es donde la jaula con un lecho cómodo y con uno de sus juguetes para morder favoritos resulta útil. Usted quiere saber que él estará seguro cuando no esté ahí para supervisarle, y sabe que él estará más seguro en su jaula que paseando libremente por toda la casa. Para que el cachorro esté en su jaula sin armar escándalo necesita sentirse cómodo dentro de ella. En este aspecto, es extremadamente importante que no sea usada nunca como una forma de castigo, o el cachorro establecerá una asociación negativa con la jaula.

Acostúmbrele a la jaula con intervalos cortos y gradualmente crecientes de tiempo, durante los cuales le meterá usted en ella, quizás con una recompensa, y estará en la habitación con él. Si llora o arma escándalo, no vaya hacia él, quédese simplemente donde pueda verle. Gradualmente el cachorro se dará cuenta de que está bien estar en la jaula sin su ayuda, y así no le será tan traumático cuando usted no esté cerca. Quizá quiera dejar la radio encendida a volumen bajo cuando salga de casa: el sonido de las voces humanas puede serle reconfortante.

No se recomienda dejar a un cachorro de Bulldog suelto por toda la casa. Los aspectos relacionados con la educación básica, los posibles daños debidos a los mordiscos y la seguridad del cachorro son sólo algunas de las razones por las que no se le debería dejar pasear libremente.

CUIDADOS DIARIOS DE SU
BULLDOG

CONSIDERACIONES DIETÉTICAS Y ALIMENTARIAS

Hoy día, las opciones en cuanto al alimento para su perro son muchas y variadas. Sencillamente hay docenas de marcas de comida con todo tipo de sabores y texturas y que van desde las dietas para cachorros hasta aquellas para perros ancianos. Hay incluso dietas hipoalergénicas y bajas en calorías a su disposición. Como la nutrición de su Bulldog se refleja en su pelaje, su salud y su temperamento, es esencial escoger la dieta más adecuada para un ejemplar de su edad. De todas formas, es justo decir que, incluso los propietarios que se preocupan puedan verse perplejos ante la enorme variedad de alimentos a su disposición. Sólo el comprender lo que es mejor para su perro le ayudará a tomar una buena decisión.

¿SABÍA USTED QUE...?

El alimento seco para perros debe guardarse cuidadosamente. Los paquetes abiertos pierden rápidamente sus vitaminas, generalmente antes de que hayan pasado 90 días desde que fueron abiertos. Las esporas de hongos y los insectos también podrían contaminarlo.

Los alimentos para perros son, básicamente, de tres tipos: secos, semihúmedos y enlatados. Los alimentos secos son los adecuados para las personas conscientes de los costes ya que, en general, tienden a ser menos caros que los semihúmedos y los enlatados. Los alimentos secos son los que contienen menos grasa y más conservantes. En general, los alimentos enlatados contienen un 60-70 % de agua, mientras que los semihúmedos suelen contener tanto azúcar que son, quizás, los menos preferidos por los propietarios, aunque parece ser que a los perros les gustan.

¿SABÍA USTED QUE...?

Una buena prueba para saber si un alimento es bueno es examinar el color, olor y consistencia de los excrementos de su perro. Un perro sano suele producir unas tres heces semiduras diarias. Estas heces no deberían tener un olor desagradable y ser siempre del mismo color.

A la hora de seleccionar un alimento para su perro se deben tener en cuenta las tres etapas del desarrollo del animal:

Los Bulldog deberían estar completamente destetados para cuando tienen unas siete semanas. Durante sus primeras semanas de vida, la leche de la madre le proporciona todos los nutrientes y la inmunidad necesarios.

la etapa de cachorro, el estadio adulto y la fase anciana o veterana.

LA ETAPA DE CACHORRO

Los cachorros quieren, instintivamente, mamar de los pechos de su madre. Un cachorro normal mostrará esta conducta desde los primeros momentos después de su nacimiento. Si los cachorros no intentan mamar, más o menos, dentro de la primera media hora tras el nacimiento, se les debería animar a hacerlo colocándoles sobre un pezón, habiendo escogido uno entre aquellos que tengan leche. Este suministro temprano de leche es importante para proporcionarles el calostro, que protegerá a los cachorros durante las primeras ocho a diez semanas de sus vidas. Aunque la leche de su madre es mucho mejor que cualquier otra fórmula láctea, a pesar de que hay algunas excelentes a su disposición, si los cachorros no se alimentan por su cuenta tendrá usted que encar-

PREFERENCIAS EN CUANTO AL ALIMENTO

Seleccionar el mejor alimento seco para perros es difícil. No hay consenso entre los científicos en lo que respecta a los valores de los análisis de nutrientes (proteína, grasa, fibra, humedad, cenizas, colesterol, minerales, etc.). Todos están de acuerdo en que son las pruebas de nutrición lo que importa, pero usted también debe tener en cuenta a cada perro individualmente. Su peso, edad, nivel de activi-

dad y lo que le gusta debe ser, todo ello, tenido en cuenta. Quizás lo mejor sea dejarse aconsejar por su veterinario. Los requerimientos nutricionales de cada perro varían, incluso a lo largo de la vida de un perro concreto.

Si su perro come un buen alimento seco, no le harán falta suplementos de carne ni de verduras. Los perros agradecen un poco de variedad en sus dietas, así que quizás escoja usted comprar siempre una cierta marca, pero varíe los sabores. Como alternativa, quizás quiera añadir un poco de caldo con algún sabor para proporcionarle al animal sabores diferentes.

garse de alimentarles. Para aquellos que tengan menos experiencia, es importante el consejo de un veterinario, para que así no sólo alimente al cachorro con la cantidad correcta de leche, sino que ésta sea de una calidad adecuada, y que sea suministrada a intervalos adecuados y frecuentes, generalmente cada dos horas durante los primeros días de vida.

Se debería permitir que los cachorros mamen de su madre durante, aproximadamente, las seis primeras semanas de vida, aunque empezará usted a añadir pequeñas porciones de un alimento sólido adecuado a partir de la tercera o cuarta semana. A la mayoría de los criadores les gusta comenzar alternando las comidas consistentes en carne y las consistentes en leche, aumentando la cantidad de las comidas consistentes en carne hasta llegar al momento del destete.

Para cuando los cachorros tengan siete o, como máximo, ocho semanas, deberían estar completamente destetados y ser alimentados únicamente con una dieta para cachorros adecuada. A los cachorros de Bulldog se les deberían dar tres comidas diarias cuando tengan de seis a ocho semanas de edad. A las ocho semanas se les pueden dar dos comidas diarias. A los perros quisquillosos con la comida se les puede dar otra comida pequeña adicional para que mantengan un buen peso corporal. Su veterinario podrá recomendarle dietas de crecimiento, y se debería mantener al perro con este tipo de alimentos hasta los 12 meses. A esta edad es esencial la selección del alimento más adecuado y que éste sea de buena calidad, ya que el ritmo de crecimiento más rápido de un cachorro se da durante su primer año de vida. El veterinario podrá aconsejarle acerca de esto y, aunque la frecuencia de las comidas se habrá ido reduciendo con el paso del tiempo, sólo cuando un perro joven haya cumplido los 12 meses se le debería alimentar con una dieta para perros adultos.

DIETAS BASADAS EN LOS CEREALES

Algunos alimentos baratos para perros están basados en los cereales y en otras proteínas de origen vegetal. Aunque estos productos puedan tener un precio atractivo, muchos criadores prefieren una dieta basada en las proteínas animales y creen que éstas son mejores para la salud de los perros. Muchas dietas basadas en los cereales están basadas en la proteína de soja, que puede provocar flatulencias.

De todas formas, hay muchos casos en los que puede que un perro necesite una dieta especial. Estas necesidades especiales deberían serle recomendadas únicamente por su veterinario.

¿Con qué alimenta a su perro?

Lea la etiqueta de su alimento para perros. Muchos de ellos le informan, meramente, del 50-55 % del contenido, dejando en duda el 45 % restante.

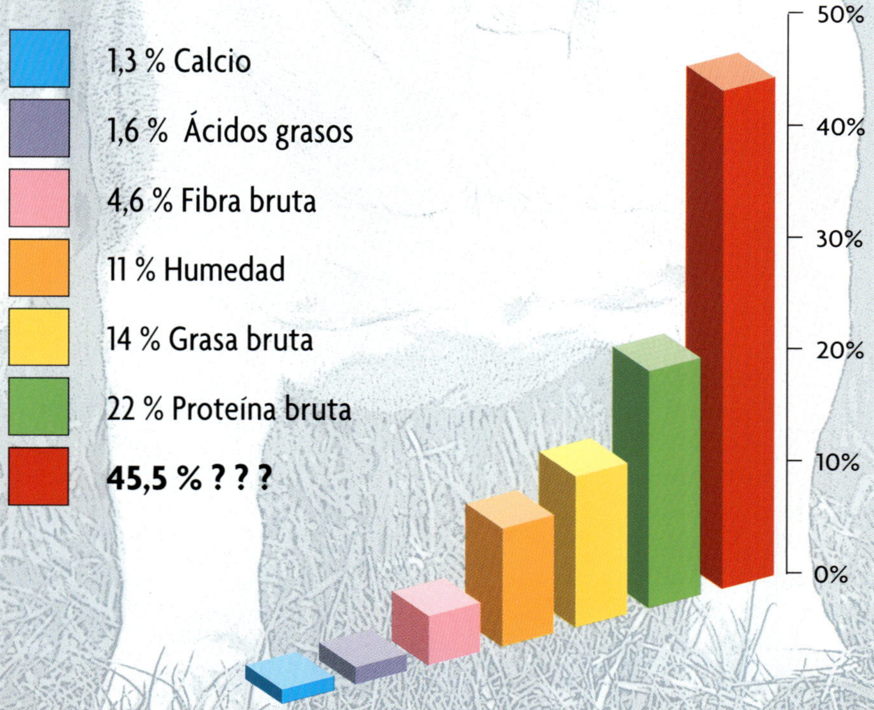

Las dietas para cachorros y para perros jóvenes deben estar bien equilibradas para satisfacer las necesidades de su perro, así que excepto en ciertos casos, no harán falta vitaminas, minerales ni proteínas adicionales.

Alimentos para perros adultos

A un perro se le considera adulto cuando ha dejado de crecer, así que, en general, la dieta de un Bulldog puede ser cambiada por una de adulto hacia los 10-12 meses de edad. De nuevo, debería confiar en su veterinario o en su especialista en nutrición para que le recomiende un alimento aceptable. Los principales fabricantes están especializados en este tipo de dietas equilibradas, y lo único que debe hacer usted es seleccionar la que se adecue mejor a las necesidades de su perro. Los perros activos puede que tengan unas necesidades diferentes a las de los perros sedentarios.

Los Bulldog llegan a su completa madurez alrededor de los 12 meses de edad, aunque les suele llevar otros 12-18 meses alcanzar su cima como candidatos en los certámenes caninos.

Dietas para perros ancianos

A medida que los perros van envejeciendo, su metabolismo cambia. El perro viejo hace, generalmente, menos ejercicio, se mueve con mayor lentitud y duerme más. Este cambio en su estilo de vida y en su actividad fisiológica requiere una modificación de la dieta. Como estos cambios tienen lugar paso a paso, quizás no se aprecien fácilmente. Lo que sí se puede notar con facilidad es que el perro engorda. Alimentando continuamente a su perro con una dieta de mantenimiento para perros adultos, cuando él va más lento desde el punto de vista

¿SABÍA USTED QUE...?

La comida del perro debe estar a temperatura ambiente: ni demasiado caliente ni demasiado fría. El agua fresca, cambiada a diario y servida en un cuenco limpio, es imprescindible, especialmente si le está dando de comer alimento seco.

Nunca le dé de comer a su perro cuando esté usted sentado a la mesa. Nunca alimente a su perro con las sobras de su comida, ya que por lo general suelen contener demasiada grasa y condimentos.

Los perros deben masticar su comida. Las galletas duras son excelentes, mientras que se deben evitar las sopas y las papillas.

No añada las sobras de la comida ni ningún «extra» a la comida normal del perro. Los alimentos normales suelen estar equilibrados, y añadir cualquier cosa puede romper ese equilibrio.

Excepto en lo que se refiere a los cambios motivados por la edad, los perros no necesitan cambiar la dieta. Pueden ser alimentados con la misma dieta todos los días.

Aunque la mayoría de los Bulldog no son muy activos, necesitan ejercicio diario. Un simple paseo de 15 minutos es ideal tanto para usted como para su perro.

del metabolismo, ganará peso. La obesidad en un perro anciano agrava los problemas de salud que ya acompañan de por sí a la vejez.

A medida que su perro envejece, pocos de sus órganos funcionan al cien por cien. Los riñones funcionan más lentamente y los intestinos son menos eficientes. Estos factores relacionados con la edad se resuelven mejor con un cambio de la dieta y del patrón de alimentación, para pasar a dar porciones menores, que serán digeridas con mayor facilidad.

No hay ninguna dieta concreta que sea la ideal para el perro anciano. Mientras que a muchos ejemplares les va muy

bien con dietas bajas en calorías o con dietas específicas para perros ancianos, a otros les va mejor con dietas para cachorros o con otras dietas especiales, como las de cordero y arroz. Esté atento a las necesidades de su Bulldog anciano, y esto le ayudará a resolver otros problemas que le puedan surgir.

¿SABÍA USTED QUE...?

Debería tener cuidado de dónde ejercita a su perro. Muchos campos han sido rociados con sustancias químicas que son muy tóxicas tanto para los perros como para las personas. Nunca permita que su perro coma hierba ni beba agua de char-

cos de terrenos públicos o privados, ya que el agua de escorrentía puede contener sustancias químicas procedentes de pesticidas y herbicidas.

AGUA

Al igual que su perro necesita una nutrición correcta, el agua también es un «nutriente» esencial. El agua mantiene correctamente hidratado el cuerpo de su perro y promueve el normal funcionamiento de sus sistemas corporales. Durante su educación básica, es necesario vigilar cuánta agua consume su Bulldog, pero una vez esté correctamente educado, debería disponer de agua limpia y fresca en todo momento. Asegúrese de que su cuenco del agua esté limpio y cambie el agua con frecuencia, vigilando que siempre la tenga a su disposición, especialmente si le está dando de comer alimento seco.

EJERCICIO

Todos los perros necesitan hacer algún tipo de ejercicio, independientemente de su raza. Un estilo de vida sedentario es tan nocivo para un perro como lo es para una persona. El Bulldog no es una raza muy activa, así que no tendrá que ser usted un atleta para mantener a su Bulldog en forma. Los paseos regulares, las sesiones de juego en el jardín o dejar que el perro corra libremente por el jardín bajo su supervisión son, todas ellas, formas suficientes de ejercicio para el Bulldog. Tenga presente que un perro con sobrepeso no debería ser sometido bruscamente a un ejercicio excesivo: en lugar de eso se le debe incrementar su nivel de actividad lentamente. El ejercicio no sólo es esencial para mantener al perro en forma, sino también para su bienestar psicológico. Un perro aburrido encontrará algo que hacer, lo que se manifiesta frecuentemente en forma de algún tipo de conducta destructiva. En este aspecto también es esencial para el bienestar psicológico del propietario.

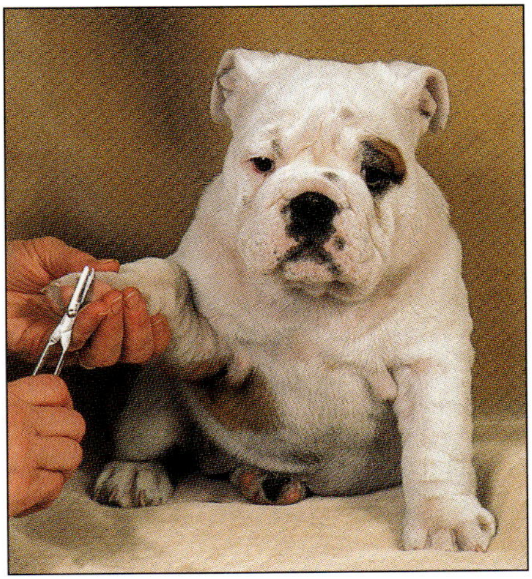

El inicio de los procedimientos típicos del acicalado cuando su Bulldog sea un cachorro hará que sea más fácil llevarlos a cabo a lo largo de toda su vida.

UTENSILIOS PARA EL ACICALADO

La cantidad de utensilios para el acicalado que compre dependerá de cuánto vaya a acicalar a su perro. Aquí tiene algunos de los instrumentos básicos:

- Cepillo de cerdas naturales.
- Guante o cepillo deslizador abrillantador.
- Peine metálico.
- Tijeras.
- Secador.
- Esterilla de goma.
- Champú para perros.
- Difusor para la manguera.
- Limpiador de orejas.
- Bolas o gasas de algodón.
- Toallas.
- Cortaúñas.

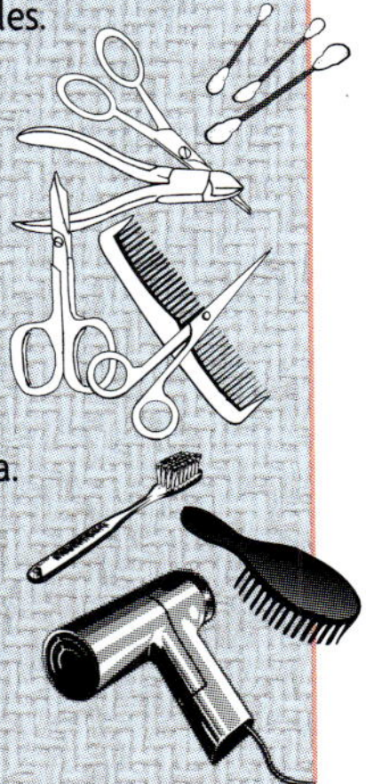

ACICALADO

Cepillado

Se puede utilizar un cepillo de cerdas naturales o un guante deslizador abrillantador para los cepillados rutinarios. Con el cepillado diario se eliminan los pelos muertos y se estimula que sus aceites naturales añadan brillo y un aspecto sano al pelaje. Aunque el pelaje del Bulldog es corto y está pegado al cuerpo, se necesita cepillarlo unos cinco minutos de vez en cuando para mantenerlo brillante y con su mejor aspecto. Las sesiones regulares de acicalado son también una buena forma de pasar tiempo con su perro. A muchos de ellos les acaba gustando el masaje que les propor-

Mediante el cepillado de su Bulldog eliminará los pelos muertos y estimulará la producción de aceites. Su tienda de mascotas le podrá ofrecer una amplia selección de peines y cepillos para satisfacer sus necesidades.

FOTOGRAFÍA CORTESÍA DE MIKKI PET PRODUCTS.

ciona el cepillo y disfrutarán de esta rutina diaria.

BAÑO

Los perros no necesitan bañarse tan frecuentemente como las personas, pero los baños regulares son esenciales para mantener una piel sana y un pelaje también sano y brillante. De nuevo, e igual que con casi todas las cosas, si acostumbra a su perro a que le bañen cuando es un cachorro, le será algo completamente natural cuando ya haya crecido. Usted quiere que su perro se sienta cómodo en el baño, ya que si no, podría acabar siendo una mojada, jabonosa, sucia y penosa experiencia para ambos.

Cepille a conciencia a su Bulldog antes de mojarle. Esto eliminará la mayor parte de los pelos sueltos, que serían más difíciles de eliminar con el pelaje mojado. Asegúrese de que disponga de una buena superficie antideslizante sobre la que estar de pie. Empiece mojando el cuerpo del perro. Es necesaria una ducha o un acoplamiento para la manguera para mojar y aclarar a conciencia. Compruebe la temperatura del agua para asegurarse de que no esté ni demasiado caliente ni demasiado fría.

A continuación aplique el champú y frótelo hasta formar espuma. Debería comprar uno para perros. No use un producto para el cabello de las personas. Deje el lavado de la cabeza para el final, procurando que el champú no le penetre en los ojos mientras usted está limpiando el resto del cuerpo. Frote hasta llegar a la piel. Puede aprovechar esta oportunidad para examinarla si tiene bultos, picaduras u otras anormalidades. No se olvide de ninguna zona del cuerpo (no se olvide de sus «partes pudendas»).

Una vez haya aplicado el champú concienzudamente, hará falta aclararlo igualmente a conciencia. El champú que se pudiera dejar sobre el pelaje puede ser irritante para la piel. Proteja los ojos del perro poniendo su mano a modo de visera y dirigiendo el chorro de agua en dirección contraria. Evite también que entre agua en los oídos. Esté preparado para que el perro se sacuda para quitarse el exceso de agua de encima. Quizá quiera apartarse un poco, pero asegúrese

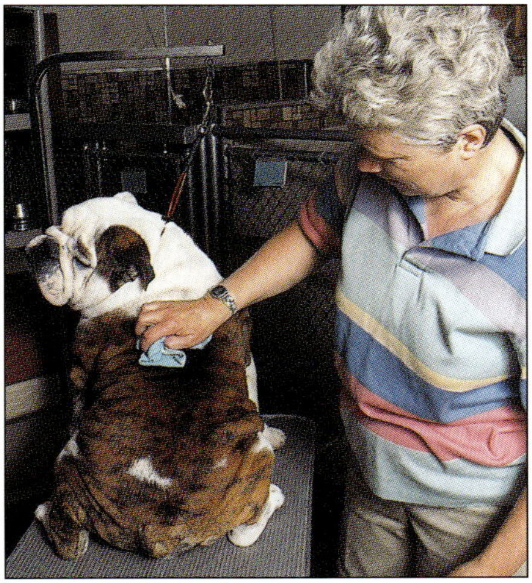

Una pequeña toalla será de utilidad para limpiar las arrugas del cuerpo y la cara del Bulldog.

El Bulldog necesita un acicalado y unos baños mínimos. Los utensilios especiales para el acicalado suelen estar a su disposición para ayudarle al correcto cuidado del pelaje de su Bulldog.

Las orejas del Bulldog son fáciles de limpiar con una bola o una gasa de algodón suave y con productos que podrá comprar en su tienda de mascotas. Esté atento a los ácaros y a la suciedad en las orejas y los oídos de su perro.

de que está sujetando al perro para evitar que salga corriendo por toda la casa.

Limpieza de las orejas y los oídos

Las orejas y los oídos deberían mantenerse limpios, y cualquier exceso de pelo en la parte interna de las orejas debería ser eliminado. Las orejas y la parte externa de los oídos se pueden limpiar con bolas o gasas de algodón y con un limpiador o polvos especiales para perros. Esté atento para ver si hay signos de infección o de infestación por ácaros. Si su Bulldog ha estado agitando su cabeza o se rasca las orejas frecuentemente, esto será generalmente indicio de que hay un problema. Si sus oídos tienen un olor inusual, esto será un signo seguro de infestación por ácaros o de infección y una señal para que el veterinario examine sus oídos.

Corte de uñas

Su Bulldog debería estar acostumbrado a que le corten las uñas desde una edad temprana, ya que esto formará parte de su rutina de mantenimiento a lo largo de toda su vida. No sólo tendrá un mejor aspecto, sino que unas uñas afiladas pueden arañar a alguien aun sin proponérselo. Además, una uña larga tiene más posibilidades de romperse y sangrar o de hacer que los pies se abran y pisen mal. Una buena regla empírica es que si puede usted oír las uñas de su perro golpear contra el suelo mientras camina, es que están demasiado largas.

Antes de empezar a cortar, asegúrese de poder identificar la «carne viva» en cada una de las uñas. La carne viva es un vaso sanguíneo que pasa por el centro de cada uña y que crece hasta cerca del borde. Sangrará si la corta accidentalmente, lo que resultará bastante doloroso para el perro, ya que contiene terminaciones nerviosas. Tenga a

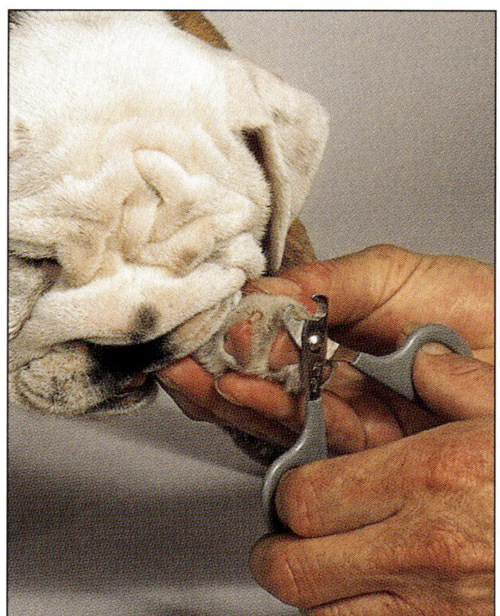

Acostumbre al cachorro al corte de uñas a una corta edad. Con unos pocos mimos, los cachorros aceptarán la manicura regular sin problema alguno.

mano algún tipo de agente hemostático, como un lápiz o polvo estíptico (del tipo que se usa para afeitarse). Esto detendrá la hemorragia rápidamente al ser aplicado sobre la punta de la uña cortada. No se asuste si le ocurre esto, sencillamente detenga el sangrado y hable suavemente a su perro. Una vez se haya calmado, continúe con la siguiente uña. Es mejor cortar un poquito cada vez, es-

¿SABÍA USTED QUE...?

Un perro que pase mucho tiempo en el exterior sobre una superficie dura, como el cemento o el pavimento, conseguirá que sus uñas se vayan desgastando de forma natural

y quizás no necesite que se las corten tan a menudo, a excepción, quizás, de los meses más fríos, durante los cuales no pasará tanto tiempo al aire libre. Independientemente de esto, es mejor que conozca estas manipulaciones a una edad temprana para que esté acostumbrado a ellas. Algunos perros son especialmente sensibles a que les toquen los pies, pero si un perro lo ha experimentado desde joven, esto no debería molestarle.

Cuidado de las uñas

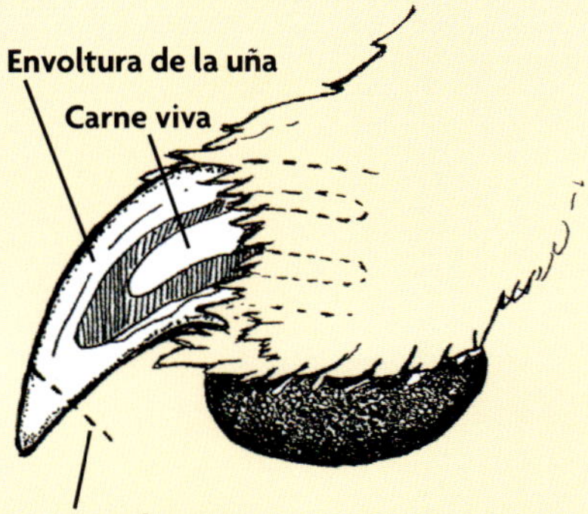

Uñas de color oscuro

En el caso de las uñas negras o de color oscuro, donde es difícil ver la carne viva, es mejor cortar sólo la punta o utilizar una lima.

Uñas de color claro

En el caso de las uñas de color claro, el corte es mucho más fácil, ya que se puede ver la vena (o carne viva) en el interior de la envoltura de la uña.

Debería cortarle las uñas a su perro regularmente. Cuando pueda oír las uñas de su perro golpear contra el suelo mientras éste camine por una superficie dura, es que éstas están demasiado largas. Las tiendas de mascotas venden cortaúñas especiales para perros.

Corte sólo la punta de la uña, evitando cortar la carne viva. Si la corta, la uña sangrará y el perro experimentará dolor. Un lápiz estíptico detendrá la hemorragia. Tranquilice al perro herido hablándole suavemente.

pecialmente si se trata de perros con las uñas negras.

Coja a su cachorro firmemente al comenzar a cortárselas, para que no haga ningún movimiento brusco o que se marche corriendo. Háblele suavemente y acaríciele mientras se las va cortando. Mientras sujeta su pie en su mano, vaya simplemente cortando la punta de cada uña con un corte rápido. Puede usted adquirir cortaúñas especiales para perros. Probablemente los encontrará allá donde compre los productos para su mascota o para el acicalado.

DE VIAJE CON SU PERRO

VIAJES EN COCHE

Debería acostumbrar a su Bulldog a montar en coche a una edad temprana. Puede que le lleve con frecuencia, o no, en coche, pero como mínimo tendrá que ir al veterinario y usted no querrá que estos viajes sean traumáticos para el perro o un gran lío para usted. La manera más segura para él de viajar en coche es en su jaula. Si usa una jaula en casa, puede usar la misma para viajar, si cabe en su vehículo. Coloque al cachorro en la jaula y observe cómo reacciona. Si parece intranquilo, puede pedir a uno de los pasajeros que le lleve en su regazo mientras usted conduce, pero hará falta que encuentre otra solución para cuando su perro esté completamente crecido. Otra opción es un arnés especial de seguridad que sujeta al perro de forma parecida a como lo hace un cinturón de seguridad. No permita que esté suelto por el coche: ¡es muy peligroso! Si tiene que frenar bruscamente, su perro podría salir disparado y resultar herido. Si empieza a trepar y a molestarle mientras conduce, no podrá usted concentrarse en la carretera. Es una situación insegura para todos: para las personas y para los perros.

Si hace un viaje largo, esté preparado para detenerse y permitir que el perro haga sus necesidades. Lleve consigo cualquier cosa que le haga falta para limpiar sus excrementos. Debería contar con alguna toalla vieja o con trapos, por

CONSEJO PARA LOS VIAJES

Si sale para un largo viaje en coche con su perro, asegúrese de que los hoteles admitan perros. Hay muchos que no los admiten. Lleve también consigo algo de hielo que pueda ser descongelado y ofrecido a su perro si empieza a acalorarse. A la mayoría de los perros les gusta lamer el hielo.

CONSEJO PARA LOS VIAJES

Nunca deje a su perro solo en el coche. Si el clima es caluroso, su perro podría morir debido a las altas temperaturas que se alcanzan dentro de un vehículo cerrado. Incluso dentro de uno aparcado a la sombra la temperatura puede volverse muy alta en muy poco tiempo. Dejar la ventanilla abierta también es arriesgado, ya que el perro podría hacerse daño intentando salir.

Debería usar la jaula de su Bulldog siempre que le lleve en coche. Conducir con un perro suelto en un vehículo es muy peligroso.

CONSEJO PARA LOS VIAJES

Para los viajes internacionales, tendrá usted que hacer preparativos por adelantado (quizás con meses de antelación), ya que las normas relacionadas con la entrada de animales varían según los países. Quizá sean necesarios certificados de salud y/o vacunaciones especiales antes de emprender el viaje, y a veces esto debe llevarse a cabo dentro de una cierta franja de tiempo. En aquellos países libres de rabia, necesitará usted presentar los certificados de vacunación y quizá su perro tenga que pasar por un periodo de cuarentena a su llegada.

si acaso defeca u orina en el coche o se marea.

Viajes en avión

Aunque es posible llevar a su perro en los vuelos, esto es bastante infrecuente, y siempre hace falta obtener permiso con antelación. Se le pedirá que el perro viaje en una jaula de fibra de vidrio, y debería hacer siempre comprobaciones con antelación con la compañía aérea acerca de los requisitos específicos. Para ayudar a que el perro se sienta cómodo, meta uno de sus juguetes favoritos en la jaula. No le dé de comer nada por lo menos desde seis horas antes del vuelo para así minimizar su necesidad de evacuar. De todas formas, ciertas normas especifican que siempre debe haber agua en la jaula a disposición del perro.

Asegúrese de que su perro esté correctamente identificado y de que la información para ponerse en contacto con usted aparezca en sus placas de identificación y en su jaula. Los animales viajan en una zona distinta del avión de donde lo hacen las personas, que deben seguirse escrupulosamente todas las normas, para así evitar el pequeño riesgo de que su perro se extravíe.

Alojamiento

Así que desea irse de vacaciones con la familia y quiere llevarse también al perro. Seguramente habrá previsto dónde va a alojarse, pero esto es especialmente importante cuando se viaja con un perro. No querrá usted parar a pasar la noche en el único lugar en muchos kilómetros a la redonda para encontrarse con que allí no admiten perros. Tampoco querrá reservar las plazas sin confirmar que va a llevar un animal, ya que si va en contra de la norma del hotel quizá se encuentre con que no halle otro lugar donde alojarse.

Alternativamente, si se va usted de viaje y elige no llevarse a su Bulldog, ten-

CONSEJO PARA LOS VIAJES

Cuando vaya de viaje no lleve nunca su perro sin correa por un lugar extraño. Podría escapar debido al miedo o podría seguir a otro perro o perseguir a un gato que pase por allí, o quizá sólo quiera estirar las piernas sin verse sometido a restricciones: quizás no vuelva a ver a su amigo nunca más.

drá que hacer preparativos para él mientras esté usted fuera. Algunas opciones son llevarle a casa de un vecino para que se quede con él mientras usted está ausente, que un vecino de confianza vaya a su casa frecuentemente o que se quede en ella hasta que usted vuelva, o llevarle a una residencia canina de confianza. Si decide alojarle en una residencia, debería visitarla con antelación para ver las instalaciones, el lugar donde se alojan los perros y comprobar que sea limpia. Hable con algunos de los empleados y observe cómo tratan a los perros: ¿les dedican tiempo?, ¿juegan con ellos?, ¿les ejercitan?, etc. Averigüe también cuáles son sus normas acerca de las vacunaciones y qué es lo que le piden. Esto se hace por la seguridad de todos los perros, ya que cuando se aloja a muchos ejemplares juntos, hay un mayor riesgo de transmisión de enfermedades de uno a otro.

IDENTIFICACIÓN

Su Bulldog es su compañero, su querido amigo. Ésta es la razón de por qué le vigila usted continuamente y por la que se ha asegurado de que no pueda escapar del jardín o escabullirse de su collar y huir lejos de usted. De todas formas, siempre puede ocurrir un imprevisto y llegar el momento en que su perro se vea inesperadamente separado de usted. Si se diera este desafortunado incidente, la primera cosa que debe pasar por su cabeza es encontrarle. Una identificación adecuada, incluyendo una placa, un tatuaje y, posiblemente, un microchip, incrementarán las posibilidades de que le sea devuelto sano y rápidamente.

¿SABÍA USTED QUE...?

A medida que los cachorros resultan cada vez más caros, corren mayor riesgo de ser robados. Las placas normales para perros que se llevan en el collar se quitan, con facilidad; pero hay dos técnicas que se están volviendo muy usadas para la identificación.

La implantación del microchip en cachorros implica la inyección, bajo la piel del perro, de un pequeño microchip de tamaño similar al de un grano de arroz que contiene un código alfanumérico inscrito en un registro de identificación. Si su perro aparece en una clínica o en una protectora, o se está intentando venderlo por debajo de un precio decente, puede ser identificado con toda seguridad gracias al microchip. Se escanea o lee el microchip y al ser consultado el registro de identificación, aparecen los datos del propietario. Esto no es sólo una protección contra el robo, sino que si el perro se escapa o desaparece puede recuperarlo.

Los tatuajes se hacen en diversas partes del perro, normalmente en la parte interior de una oreja en perros de tamaño grande y medio, y en la parte interna de las extremidades posteriores en perros de tamaño pequeño. El tatuaje consiste, al igual que en el caso del microchip, en un código alfanumérico cuyos datos se inscriben en el registro de identificación. Cuando los ladrones de perros profesionales ven que un perro está tatuado, generalmente pierden el interés en él. Tanto el microchipeado como el tatuaje pueden hacerse en la clínica veterinaria. Para la seguridad de nuestros perros, ningún laboratorio ni ningún comerciante de perros aceptarán a un perro tatuado.

EDUCACIÓN Y ADIESTRAMIENTO DE SU

BULLDOG

Vivir con un perro no adiestrado es muy parecido a ser el propietario de un piano y no saberlo tocar. Es un objeto muy bonito, pero la satisfacción que le da es muy poca. Pero si toma clases de piano, de repente el piano cobra vida y le ofrece sonidos mágicos y ritmos que le llenan de gozo y felicidad.

¿SABÍA USTED QUE...?

Si empieza usted con un perro normal y sano, y le dedica tiempo, paciencia y algunas lecciones cuidadosamente ejecuta-

das, cosechará usted los beneficios de ese adiestramiento durante toda la vida del perro, ¡y menuda vida será! Ustedes dos encontrarán un enorme placer en el compañerismo que han construido juntos con cariño, respeto y comprensión.

Lo mismo se aplica a su Bulldog. Cualquier perro supone una gran responsabilidad y si no es adiestrado adecuadamente puede adoptar conductas inaceptables que pueden molestarle o causar fricciones entre los miembros de la familia.

Para adiestrar a su Bulldog quizá quiera apuntarse a un cursillo de obediencia. Enséñele buenas maneras a medida que vaya entendiendo usted cómo y por qué se comporta de la manera en que lo hace. Averigüe cómo comunicarse con él y cómo reconocer y entender su lenguaje. De repente el perro asume otro papel en su vida: es listo, interesante, se comporta bien y es divertido estar con él. Él le demuestra su devoción a diario. Su Bulldog hace maravillas por su ego porque le recuerda constantemente que no sólo es usted su líder: usted es su héroe.

Los expertos en la enseñanza de la obediencia canina y en el asesoramiento a los propietarios acerca del comportamiento de sus perros han descubierto algunas cosas interesantes. Por ejemplo, adiestrar a los perros cuando son cachorros da como resultado la más alta tasa de éxito para conseguir perros adultos con un buen comportamiento y bien adaptados. Adiestrar a un perro mayor de, digamos, seis meses a seis años de edad, puede proporcionar re-

CONSEJO PARA EL ADIESTRAMIENTO

Adiestrar a un perro es una experiencia vital. Muchos padres admiten que buena par-

te de lo que saben acerca de criar a sus hijos lo aprendieron a partir del cuidado de sus perros. Los perros responden al amor, a la equidad y a la orientación de la misma manera que lo hacen los niños. Conviértase en un buen propietario de un perro y quizá se convierta en padre incluso mejor.

sultados prácticamente iguales, siempre que el propietario acepte que la capacidad de aprendizaje del perro va a ser más lenta y esté dispuesto a trabajar con paciencia para ayudarle a tener éxito y a desarrollar todo su potencial. Desgraciadamente la paciencia es lo que falla en muchos de los propietarios de perros no adiestrados, así que normalmente no insisten y su perro no llega a aprender determinadas conductas.

Adiestrar a un cachorro de una edad de 10 a 16 semanas (20 como máximo) es como trabajar con una esponja seca dentro de una piscina de agua. El cachorro se empapará de cualquier cosa que le enseñe y buscará constantemente más cosas para hacer y para aprender. A esta corta edad, su cuerpo todavía no ha empezado a producir hormonas y aquí está la razón del porcentaje tan alto de éxito. Sin las hormonas, él está centrado en sus propietarios y no tiene un especial interés por investigar otros lugares, perros, personas, etc. Usted es su líder,

¿SABÍA USTED QUE...?

Para un perro, las manos de usted son como su boca en términos de mecanismos defensivos. Si le aprieta usted muy fuertemente, quizás le muerda, ya que esa sería su

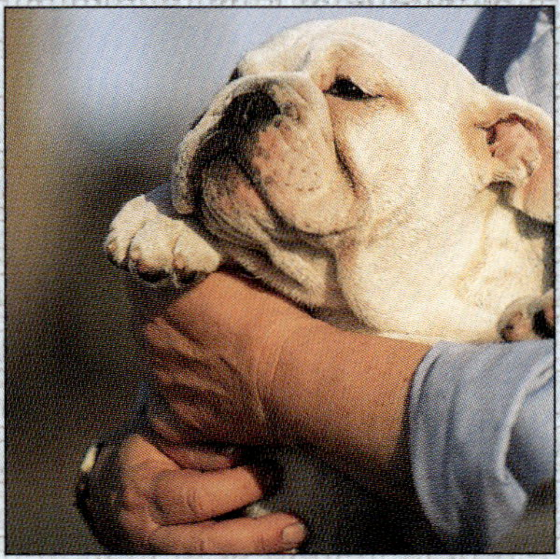

respuesta normal. No se trata de un mordisco agresivo y, aunque todos los mordiscos deberían ser desalentados, necesita usted aprender cómo manejar a su perro.

el que le proporciona el alimento, el agua, el alojamiento y la seguridad. Así pues, se pega a usted, quiere estar cerca. Generalmente le seguirá de una habitación a otra y no dejará que desaparezca de su vista cuando esté fuera de casa con él, y responderá de forma parecida a como usted lo hace con las personas y los animales con los que se vayan encontrando. Si saluda usted efusivamente a un amigo, él se sentirá contento saludando también a esa persona. Si por el contrario resulta que vacila e incluso se muestra nervioso cuando se le aproxime un desconocido, él responderá de la misma manera.

PIENSE ANTES DE «LADRAR»

Los perros perciben los estados de humor y las emociones de su amo. Use su voz con inteligencia cuando hable a su perro. Nunca le levante la voz a no ser que esté

usted enfadado con él e intente corregirle. «Ladrar» a su perro puede volverse tan sin sentido como lo son para usted los ladridos entre perros. ¡Piense antes de «ladrar»!

LA HORA DE LA COMIDA

La hora de la comida debe ser un momento tranquilo para su cachorro. No coloque sus recipientes en zonas de la casa muy

concurridas. Proporciónele, por ejemplo, su propia esquina en la cocina donde pueda comer sin ser molestado y donde no estará entre los pies de las personas. No permita que los niños ni ningún otro familiar le interrumpan mientras él esté comiendo.

Una vez que el cachorro comienza a producir hormonas, aflora su curiosidad natural y empieza a investigar el mundo que tiene a su alrededor. Es en esta época cuando puede advertir que el perro no adiestrado empieza a deambular alejándose de usted e incluso ignora sus órdenes de quedarse cerca.

Generalmente habrá cursillos disponibles a una distancia razonable de su hogar, pero también puede usted hacer muchas cosas para adiestrar al perro por su cuenta. Otras veces los hay, pero

¿SABÍA USTED QUE...?

Los perros harán cualquier cosa para que les preste atención. Si usted le da una recompensa cuando él esté tranquilo y descansando, conseguirá tener un perro con

buenas maneras. Si, por el contrario, saluda usted a su perro muy animadamente y le anima a luchar y a jugar bulliciosamente, el perro le dará la bienvenida de esa misma forma y tendrá usted entre manos a un perro hiperactivo.

los precios son demasiado elevados. Cualquiera que sea la situación, la solución al problema de la falta de disponibilidad de lecciones la encontrará entre las páginas de este libro.

Este capítulo está dedicado a ayudarle a adiestrar a su Bulldog en casa. Si sigue fielmente los procedimientos que le recomendamos, podrá esperar resultados positivos y gratificantes tanto para usted como para su perro.

Tanto si su Bulldog es un cachorro como si es un adulto ya maduro, los métodos para instruirle y las técnicas que usamos para el adiestramiento de las conductas básicas son los mismos. Después de todo a ningún perro, ya sea cachorro o adulto, le gustan los métodos severos o inhumanos. Pero cualquier criatura responderá favorablemente a los métodos amables y que les motiven y a los elogios sinceros y a los ánimos. Ahora empecemos.

EDUCACIÓN BÁSICA

Puede enseñar a un cachorro a hacer sus necesidades allá donde usted elija, pero el lugar debe ser adecuado. Debería tener en cuenta desde el principio que, cuando su cachorro tenga edad

¿SABÍA USTED QUE...?

Los perros son los animales más honorables que existen. Ellos consideran a los humanos como si fueran de su misma especie. Ellos interaccionan con usted. Es su

líder. Los cachorros perciben a los niños como si fueran sus iguales: sus acciones, cuando están con niños pequeños, son diferentes al comportamiento que muestran cuando están con sus amos adultos.

como para pasear por los lugares públicos, todos sus excrementos deben ser recogidos al instante. Deberá usted llevar siempre consigo una pequeña bolsa de plástico o algún otro utensilio para recoger las heces.

El adiestramiento para que haga sus necesidades fuera de casa supone superficies tales como la hierba, la tierra y el cemento. El adiestramiento dentro de casa generalmente implicará el uso de papel de periódico.

Sea cual sea la zona que elija usted para que su perro haga sus necesidades, se debería mantener esa área limpia.

Cuando esté decidiendo qué superficie y qué sitio quiere que use su Bulldog, asegúrese de que vaya a ser siempre el mismo. Enseñar a su perro sobre hierba y después cambiar de opinión a los dos meses es algo extremadamente difícil tanto para el perro como para el propietario.

A continuación escoja la orden que usará cada vez que quiera que su cachorro haga sus necesidades. «Retrete» y «Hazlo» son ejemplos de órdenes comúnmente usadas por los propietarios de perros.

Adquiera el hábito de formularle en forma de pregunta la orden que haya escogido para que él haga sus necesidades antes de sacarle fuera. De esa manera, cuando sea adulto, será usted capaz de determinar si quiere salir cuando usted se lo pregunte. La confirmación serán los signos de interés, que mueva la cola, que le mire a usted atentamente, ir hacia la puerta, etc.

Las necesidades del cachorro

El cachorro necesita hacer sus necesidades después de las sesiones de juego, después de cada comida, de haber dormido y en cualquier momento en que indique que está buscando un lugar para orinar o defecar.

Los músculos de los tractos urinario e intestinal de los cachorros muy jóvenes no están completamente desarrollados. Así pues, al igual que los bebés humanos, necesitan evacuar con bastante frecuencia.

Lleve afuera a su cachorro frecuentemente (cada hora en el caso de uno de ocho semanas de edad, por ejemplo y siempre inmediatamente después de que haya dormido o comido). Cuanto mayor sea el cachorro, necesitará hacer sus necesidades con menor frecuencia.

El lugar ideal para evacuar debería ser un lugar de su jardín con hierba. Los perros parecen preferirla a una superficie dura.

TABLA DEL DESARROLLO DEL PERRO

Es importante comprender cómo y a qué edad se desarrolla su cachorro para entrar en la edad adulta. Si es usted propietario de un cachorro, consulte la siguiente tabla para determinar por qué etapa está pasando su mascota. Saber esto le ayudará a medida que trabaje usted con él durante las siguientes semanas y meses.

Periodo	Edad	Características
Primero al Tercero	Desde el Nacimiento hasta las Siete Semanas	El cachorro necesita comer, dormir y calor y responde al tocarle sencilla y suavemente. Necesita a la madre para sentirse seguro y para que le discipline. Necesita a sus compañeros de camada para aprender e interaccionar con otros perros. El cachorro aprende a actuar dentro de una manada y también el orden de dominancia. Empiece a sociabilizarle con adultos y niños durante cortos periodos de tiempo. Empieza a percibir su entorno.
Cuarto	De las Ocho a las Doce Semanas	Su cerebro está completamente desarrollado. Necesita relacionarse con el mundo exterior. Apártele de su madre y de sus compañeros de camada. Necesita cambiar de una manada canina a una humana. Dominio humano necesario. El «periodo de miedo» se da entre las 8 y las 16 semanas. Evítele los sustos y el dolor.
Quinto	De las Trece a las Dieciséis Semanas	Deberían iniciarse el adiestramiento y la obediencia formal. Menos relación con otros perros y más con personas, lugares y situaciones. El periodo pasará con facilidad si recuerda que es la etapa en la que el cachorro entrará en la adolescencia. Sea firme y justo. Instinto de huida acusado. Tanto la permisividad como la severidad excesivas pueden provocar un daño permanente. Elógiele por su buena conducta.
Juvenil	De los Cuatro a los Ocho Meses	Otro «periodo de miedo» alrededor de los 7 a los 8 meses de edad. Pasa rápidamente, pero tenga cuidado con los sustos y con el dolor. Se alcanza la madurez sexual. Se establecen los rasgos de dominancia. El perro ya debería entender el «siéntate», el «échate», el «ven» y el «quieto».

Nota: éstas franjas de tiempo son aproximadas. Tenga en cuenta las diferencias individuales entre cachorros.

Dentro de casa se prefiere una jaula de alambre. Ésta proporciona al perro una visión de lo que sucede a su alrededor al tiempo que le proporciona un refugio seguro.

Finalmente, cuando sea un adulto maduro y sano, sólo necesitará de tres a cinco salidas diarias para ello.

Alojamiento

Como los tipos de alojamiento y de control que proporcione a su cachorro están directamente relacionados con el éxito de la educación básica, tendremos en cuenta sus varios aspectos antes de empezar con el adiestramiento.

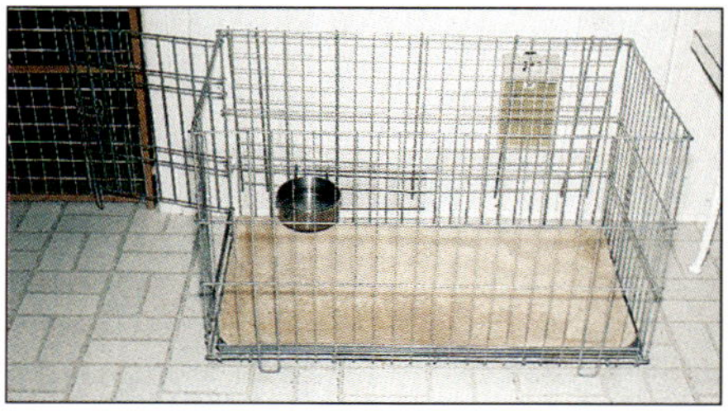

Traer un nuevo cachorro a su hogar y dejarle suelto por la casa se puede comparar a dejar a un niño suelto en un estadio de deportes y decirle que ese sitio es todo suyo. La enormidad del lugar sería demasiado para que lo pudiera asimilar.

En lugar de eso, ofrezca al cachorro áreas claramente definidas donde pueda jugar, dormir, comer y vivir. La habitación de la casa donde se reúne la familia es el lugar más obvio. Los cachorros son animales sociales y necesitan sentirse parte de la manada desde el principio. Oír su voz, verle a usted mientras está haciendo cosas y olerle de cerca, son reforzadores positivos para hacerle saber que él es ahora un miembro más de su familia. Generalmente el cuarto de estar, la cocina o el rincón contiguo al del desayuno son ideales para proporcionar seguridad tanto al cachorro como al propietario.

Dentro de esa habitación debería haber una zona de menor tamaño que él pueda considerar como suya propia. Un rincón, una jaula de alambre o de fibra de vidrio o una esquina vallada (¡no haga la valla con tablones!) desde la cual pueda observar las actividades de su nueva familia, estarán bien. El tama-

¿SABÍA USTED QUE...?

Nunca recubra el área donde duerme su cachorro con papel de periódico. Las camadas de cachorros son, generalmente, criadas sobre este tipo de papel y, una vez en su casa,

el cachorro lo asociará inmediatamente con hacer sus necesidades. No ponga papel en ningún lugar mientras le educa, ya que esto confundiría al cachorro. Si le está adiestrando para que haga sus necesidades sobre papel de periódico, úselo SÓLO en su área correspondiente. Restrinja su consumo de agua después de las comidas. Ofrézcale unos lametones cada vez. No permita que se atiborre de agua después de las comidas.

CONSEJO PARA EL ADIESTRAMIENTO

No lleve usted a su perro en brazos a la zona donde hace sus necesidades. Llévele allí con su correa o, mejor todavía, anímele a seguirle. Si empieza usted a llevarle

en brazos hacia ese lugar, quizá acabe llevando a cabo esta rutina siempre y su perro tendrá la satisfacción de haberle adiestrado a USTED.

ño de esa zona o de la jaula es el factor clave. Debe ser lo suficientemente grande para que el cachorro pueda echarse y estirarse o estar de pie sin tocar el techo con su cabeza, aunque debe ser lo suficientemente pequeña para que no pueda hacer sus necesidades en un extremo y dormir en la otra punta sin entrar en contacto con sus deyecciones.

Los perros son, por naturaleza, animales limpios, y no se mantendrán cerca de las áreas donde hacen sus necesidades a no ser que sean forzados a ello. En tales casos se volverán perros sucios y generalmente serán así durante el resto de su vida.

La zona designada debería estar cubierta por un lecho limpio y tener un juguete. El agua debe estar siempre a disposición del animal en un recipiente del cual no se pueda verter.

CONTROL

Por control queremos decir ayudar al cachorro a crear un patrón de vida que sea compatible con el de su manada humana (usted). Al igual que guiamos a los niños pequeños para que aprendan nuestras costumbres, así debemos mostrar al cachorro cuándo es el

LA REGLA DE ORO

La regla de oro del adiestramiento canino es sencilla. Para cada «pregunta» (orden) sólo hay una respuesta correcta (reacción). Una orden = una reacción. Siga practicando la orden hasta que el pe-

rro reaccione correctamente y sin dudar. Sea repetitivo pero no monótono. Los perros se aburren, al igual que las personas.

EL MÉTODO DEL ÉXITO

El éxito debido al azar es generalmente efímero. El éxito conseguido mediante métodos bien razonados y probados es,

por lo general, logrado de manera más fácil y es permanente. Éste es el Método del Éxito. Está diseñado para proporcionarle a usted, propietario del cachorro, una forma sencilla aunque probada para ayudar a su cachorro a desarrollar unos hábitos de vida limpios y una sensación de seguridad en su nuevo ambiente.

momento de jugar, comer, dormir, hacer ejercicio e incluso entretenerse.

Su cachorro debería dormir siempre en su jaula. También debería aprender que durante los momentos de confusión y de excesiva actividad humana, como por ejemplo durante el desayuno, cuando las personas están preparándose para el nuevo día, él puede jugar por su cuenta dentro de la seguridad y la comodidad que le proporciona el área que se le ha asignado. Cada vez que deje al cachorro solo, él debería comprender exactamente dónde debe quedarse. Los cachorros son mordedores natos. No pueden distinguir entre el cable eléctrico de una lámpara, los cables de la televisión, los zapatos, las patas de una mesa, etc. Morder un cable eléctrico, por ejemplo, puede ser fatal para el cachorro, y si se provoca un cortocircuito puede suponer el inicio de un incendio en casa.

Si el cachorro muerde la pata de

una silla cuando se le deje solo, usted probablemente le regañará airadamente cuando llegue a casa. Si lo hace así, él asociará que su vuelta a casa quiere decir que le va a castigar. (Él no recordará haber mordido la silla y es incapaz de establecer una asociación entre la regañina y su mala acción.)

Otros momentos de bullicio, como pueden ser las fiestas familiares, pueden ser divertidas para el cachorro siempre que pueda observar las actividades desde la seguridad que le proporciona la zona que le ha sido asignada.

CON LA PRÁCTICA SE CONSIGUE LA PERFECCIÓN

• Adiestre a su perro diariamente durante varias sesiones cortas: de tres a cinco veces al día durante unos pocos minutos es lo ideal.

Como los Bulldog son mordedores muy decididos, debería asegurarse de que los objetos para morder que haya a su disposición sean seguros y a prueba de cachorros.

• No haga que las sesiones para practicar sean largas. El perro se aburriría con facilidad.

• Nunca practique cuando esté usted cansado, enfermo, preocupado o en cualquier otro estado de humor negativo. Esto se transmitiría al perro y podría tener un efecto adverso.

¡Piense en diversión, en poco tiempo y sobre todo en POSITIVO! Finalice cada sesión con un éxito, mejor que con un ejercicio no superado, y asegúrese de elogiarle mucho. Disfrute con el adiestramiento y ayude a su perro a disfrutarlo también.

Nadie le dará un pisotón ni se le darán ningún tipo de golosinas que, probablemente, le provocarían dolor de estómago. Aun en la jaula él se sentirá parte de la fiesta.

Programa

Se debería llevar al cachorro al área donde hace sus necesidades cada vez que se le saque de la jaula, después de las comidas, después de una sesión de juegos, cuando se despierte por la mañana (a la edad de ocho semanas esto puede suponer las 5:00 h). El cachorro indicará que quiere hacer sus necesidades dando vueltas u olisqueando concienzudamente: no malinterprete estas señales. Para un cachorro de menos de diez semanas es necesaria la rutina de sacarle cada hora. A medida que el cachorro crezca, será capaz de aguantarse durante periodos de tiempo más prolongados.

Haga que las idas al área donde hace sus necesidades duren poco. No esté más de cinco o seis minutos y después de eso vuelva a casa. Si las hace durante ese rato, elógiele profusamente y llévele a casa inmediata-

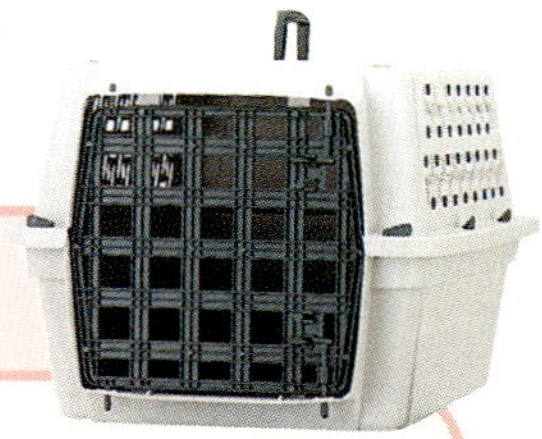

EL MÉTODO DEL ÉXITO

1. Dígale al cachorro «¡Tiempo de jaula!» y colóquele en ella con una recompensa (un trocito de queso o media galleta). Déjele dentro durante cinco minutos mientras usted permanece en la misma habitación. A continuación sáquele y elógiele profusamente. Nunca le deje salir si arma alboroto. Espere antes a que esté tranquilo.

2. Repita el paso 1 varias veces al día.

3. Al día siguiente, coloque al cachorro dentro de la jaula, igual que antes. Déjele ahí durante diez minutos. Haga esto varias veces.

4. Continúe aumentando el tiempo con incrementos de cinco minutos, hasta que permanezca en ella durante 30 minutos, mientras usted está en la habitación. Llévele siempre al lugar donde hace sus necesidades después de que haya pasado periodos largos dentro de su jaula.

5. Vuelva al paso 1 y deje al cachorro durante cinco minutos. Esta vez usted saldrá fuera de la habitación.

6. De nuevo, aumente el tiempo durante el cual el cachorro estará en su jaula con incrementos de cinco minutos, mientras usted permanece fuera de la habitación. Cuando el perro se quede a gusto (quizá hasta se quede dormido) durante 30 minutos, estando usted fuera de la habitación, estará preparado para quedarse en la jaula varias horas seguidas.

6 pasos para lograr un adiestramiento de jaula exitoso

¿CUÁNTAS VECES AL DÍA?

EDAD	SALIDAS PARA HACER SUS NECESIDADES
Hasta 14 semanas	10
14-22 semanas	8
22-32 semanas	6
Edad adulta (el perro para de crecer)	4

Éstas son aproximaciones, desde luego, pero son una guía del número mínimo de oportunidades que se le deberían dar a un perro cada día para que haga sus necesidades.

mente. Si no lo hace, pero sí después de entrar, cójale inmediatamente, dígale «¡No, no!» y vuelva al lugar adecuado para hacerlo. Espere unos minutos y, de nuevo, vuelva a casa. Nunca pegue a un cachorro ni frote su trufa sobre la orina o los excrementos si lo ha hecho fuera del lugar prescrito.

Una vez en casa, coloque al cachorro en su jaula hasta que haya limpiado sus excrementos. Después, déjele suelto en el área familiar y vigílele con más cuidado que antes. Existen posibilidades de que lo hiciera mal debido a que no entendió usted su señal o porque esperó demasiado antes de darle la oportunidad de hacerlo. No le guarde nunca rencor porque se haya hecho sus necesidades dentro de casa.

Permita que aprenda que salir fuera significa que ha llegado el momento para hacer sus necesidades y no para jugar. Una vez adiestrado, podrá jugar dentro y fuera de casa, y aun así distinguirá entre los momentos de juego y aquellos para orinar y defecar.

Ayúdele a establecer horarios regulares para sus siestas, estar solo, jugar por su cuenta y simplemente descansar; todo ello en su jaula. Anímele a entretenerse por su cuenta mientras usted se ocupa en otras actividades. Hágale saber que el que usted esté cerca es reconfortante, pero que no es el principal objetivo en su vida proporcionarle una atención total.

Cada vez que coloque al cachorro en su jaula dígale «¡Tiempo de jaula!» (o la orden que usted elija). Pronto vendrá corriendo hacia ella cuando le oiga pronunciar estas palabras.

El adiestramiento para acostumbrarle a la jaula le da seguridad a usted, al cachorro y a su hogar. También le da al perro una sensación de protección y eso le ayuda a adquirir confianza en sí mismo y unos hábitos de vida limpios.

Recuerde que uno de los principales factores para la educación básica de su cachorro es el control. Independientemente de su rutina diaria, siempre habrá ocasiones en las que necesitará usted disponer de un lugar donde su

CONSEJO PARA LA EDUCACIÓN BÁSICA

Sobre todo sea coherente. Lleve siempre a su perro al mismo lugar, use siempre la misma orden y téngale siempre sujeto por una correa cuando esté en el sitio donde hace sus necesidades, a no ser que disponga de un jardín vallado.

Siguiendo nuestro Método del Éxito, su cachorro acabará estando completamente educado en hacer sus necesidades para cuando el desarrollo de su cerebro y de su musculatura alcancen su madurez. Las razas pequeñas maduran, generalmente, antes que las grandes, pero todos los cachorros deberían estar ya adiestrados a los seis meses.

perro pueda estar contento y seguro. El adiestramiento para la jaula es la respuesta para este preciso momento y para el futuro.

En conclusión, todo lo que necesita son unos pocos elementos clave para un método de adiestramiento básico exitoso: constancia, frecuencia, elogios, control y supervisión. Siguiendo estos procedimientos con un cachorro normal y sano, tanto usted como él pronto superarán la etapa en la que él se hacía sus necesidades fuera de lugar y estarán listos para vivir juntos una vida plena y provechosa.

EL PAPEL DE LA DISCIPLINA, LA RECOMPENSA Y EL CASTIGO

La disciplina (educar a alguien para que actúe de acuerdo con unas normas) trae orden a la vida. Así de sencillo. Sin disciplina, especialmente en una sociedad, reinaría el caos y el grupo acabaría por perecer. Los hombres y los perros son animales sociales y necesitan cierta disciplina para funcionar correctamente. Deben procurarse alimento, proteger su hogar y a sus congéneres jóvenes, y reproducirse para preservar la especie.

Si en la vida de los animales sociales no hubiera disciplina, acabarían muriendo de inanición y/o siendo depredados por otros animales más fuertes.

En el caso de los perros domésticos, éstos necesitan disciplina en sus vidas para entender cómo funciona su manada (usted y su familia) y cómo deben comportarse para sobrevivir.

Una gran sociedad encuestó a los propietarios de perros acerca de su grado de satisfacción en las relaciones con sus perros. Las personas que les habían adiestrado estaban un 75% más satisfechas con sus mascotas que aquellas otras que nunca les habían adiestrado.

El Dr. Edward Thorndike, psicólogo, formuló la *Teoría del Aprendizaje de Thorndike,* que establece que una conducta que da un resultado placentero tenderá a ser repetida, y que una conducta que dé un resultado desagradable tenderá a no ser repetida. Es ésta la teoría en la que se basan los métodos de adiestramiento actuales. Por ejemplo, si usted adiestra a un perro para que realice un acto determinado y le premia por realizarlo, él tenderá a repetirlo porque disfrutó con el resultado final.

De vez en cuando es necesario aplicar un castigo, esto es, penalizar una conducta incorrecta. El mejor tipo de castigo suele ser el que procede de una fuente externa. Por ejemplo, a un niño se le dice que no toque el horno porque podría quemarse. Desobedece, toca el horno y se quema. A partir de ese momento respeta el calor del horno y evita tocarlo. Así pues, una conducta que produce un resultado desagradable tiende a no ser repetida.

Un buen ejemplo de un perro que aprende por las malas es el de aquel que persigue al gato de casa. Se le dice muchas veces que deje al gato en paz, pero aun así insiste en perseguirle: pero un día empieza a perseguir al gato y éste se da la vuelta y le araña en la cara, dejándole con un corte doloroso en la trufa. El resultado final es que el perro deja de perseguir al gato.

¿SABÍA USTED QUE...?

De hecho, su perro le está adiestrando a usted al mismo tiempo que usted le adiestra a él. Los perros hacen cosas para llamar la atención. Generalmente repiten cualquier cosa que consiga captar su atención.

¿SABÍA USTED QUE...?

Si quiere usted tener éxito en el adiestramiento de su perro, debe seguir cuatro reglas:

1. Trate de entender cómo piensa un perro.

2. No le culpe si hay una falta de comunicación.
3. Defina la personalidad de su perro y actúe de acuerdo con ello.
4. Tenga paciencia y persevere.

UTENSILIOS PARA EL ADIESTRAMIENTO

COLLAR Y CORREA

Para un Bulldog, el collar y la correa que utilice usted para adiestrarle deben ser fáciles de usar y manejar, no deben ser demasiado pesados para el perro y deben ser totalmente seguros.

RECOMPENSAS

Lleve consigo una bolsa con algu-

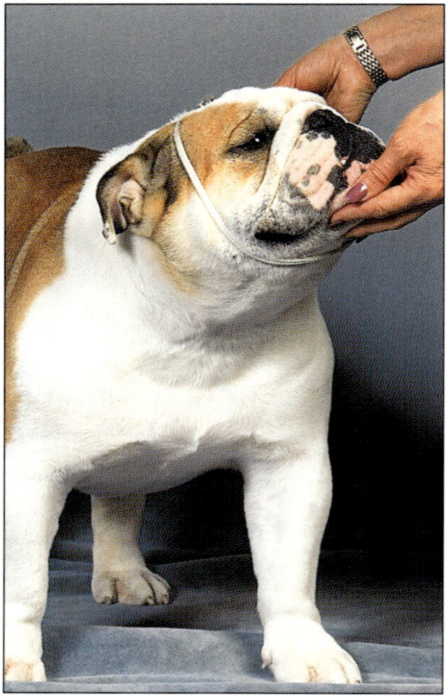

El collar del perro debería deslizarse suavemente por la cabeza del Bulldog. Un collar liviano de nylon será ideal para el adiestramiento, pero necesitará una correa más resistente para los paseos diarios.

nas recompensas. Algo nutritivo y fácil de tragar será lo mejor. Use un premio blando, un taco de queso o un trozo de pollo cocido mejor que una galleta seca, pues cuando el perro hubiera masticado una golosina seca, ya se habría olvidado por qué fue premiado. Usar recompensas consistentes en comida no enseñará al perro a mendigar en la mesa: la única forma de enseñarle a un perro a que mendigue en la mesa es darle comida cuando se está en ella. Al adiestrarle, recompensar al perro con un poco de comida le ayudará a relacionar los elogios y las recompensas con aprender nuevas conductas que, obviamente, le gustan a su amo.

Puede que su Bulldog necesite un poco de ayuda para adoptar la posición correcta de «sentado». Algunos perros son más tozudos que otros y necesitarán sentir una cierta presión sobre sus extremidades posteriores para así entender la orden de «siéntate».

EMPIEZA EL ADIESTRAMIENTO: HÁGALE UNA PREGUNTA AL PERRO

Para enseñar algo a su perro, lo primero que debe conseguir es que le preste atención. Después de todo, no podrá aprender nada si no mira hacia usted o si tiene puesta su atención en otra cosa.

Para llamar su atención, pregúntele «¿Escuela?», camine inmediatamente hacia él y déle una recompensa mientras le dice «Buen perro». Espere un minuto o dos y repita la rutina, esta vez con la recompensa en la mano mientras se le aproxima hasta quedar a no más de un paso de él. No llegue hasta él, deténgase a no más de un paso de él, y muéstrele la golosina mientras le pregunta: «¿Escuela?». Él le habrá visto acercarse con la recompensa y lo más probable es que se llegue hasta usted. Cuando se encuentren, déle el premio y elógiele de nuevo.

La tercera vez repítale la pregunta mientras sostiene una recompensa en la mano, y camine sólo una corta distancia hacia el perro, para que así él tenga

que hacer la mayor parte del camino viniendo hacia usted. Cuando el perro llegue hasta donde está usted, déle el premio y elógiele una vez más.

Llegados a este punto, el perro probablemente empiece a captar la idea de que si le presta atención, especialmente cuando le hace esta pregunta, conseguirá recompensas y actividades con las que disfrutará. En otras palabras, aprende que «escuela» significa hacer cosas divertidas con usted, que dan como resultado recompensas y una atención positiva.

Recuerde que el perro no entiende su lenguaje verbal; sólo reconoce sonidos. Su pregunta se traduce en una serie de sonidos para él y esos sonidos se convierten en la señal para ir hacia usted y prestarle atención. Si lo hace, conseguirá interaccionar con usted y además recibirá premios y elogios.

¿SABÍA USTED QUE...?

Los perros son tan diferentes los unos de los otros como lo somos las personas. Lo que funciona para un perro quizás no funcione para otro. Tenga una mentalidad abierta. Si un método de adiestramiento no funciona, pruebe con otro.

LAS ÓRDENES BÁSICAS

Enseñarle a sentarse (Sit)

Ahora que ha conseguido captar la atención de su perro, póngale la correa, cójala con su mano izquierda y lleve una recompensa en su mano derecha. Coloque la mano donde tiene el premio delante de la trufa del perro y deje que la lama, pero no permita que se la quite. Dígale «siéntate» (Sit) y eleve lentamente la mano con la recompensa desde delante de la trufa del perro hasta acabar sobre su cabeza, de manera que el perro mire hacia arriba. A medida que alce su cabeza, tendrá que doblar las rodillas para sostener el equilibrio. Cuando los doble habrá tomado la posi-

El adiestramiento con recompensas es la forma más rápida de enseñarle al perro a llevar a cabo un orden. Se recomienda que el «siéntate» sea la primera orden que le enseñe a su Bulldog.

¿SABÍA USTED QUE...?

Un perro que se encuentre en peligro nunca se echará. Estará alerta de pie porque su instinto le dice que quizás tenga

que salir corriendo o luchar por su supervivencia. Así pues, si un perro se siente amenazado o nervioso, no se echará. Consecuentemente, es importante que el perro esté calmado y relajado cuando está aprendiendo el ejercicio de «échate».

ción de sentado. Llegados a este punto, déle la recompensa y alábele profusamente con comentarios tales como «¡Buen perro!, ¡buen «sit»!», etc. Recuerde alabarle siempre con entusiasmo, ya que a los perros les gustan los elogios verbales de sus amos y se sienten muy orgullosos de sí mismos cuando completan un ejercicio.

No usará siempre comida cuando quiera hacer que el perro obedezca sus órdenes. La comida se utiliza sólo para enseñar nuevas conductas y, una vez el perro sepa lo que quiere usted cuando le da una orden concreta, empezará a desacostumbrarle a las recompensas, aunque mantendrá los elogios verbales. Después de todo, usted siempre tendrá a su voz consigo, pero habrá muchas veces en las que no tendrá recompensas a mano, aunque esperará que su perro le obedezca.

Enseñarle a echarse (Down)

Enseñar el ejercicio de echarse es fácil si usted entiende cómo percibe el perro esta posición y será muy difícil si no lo entiende. Los perros perciben la postura de echado como un acto de sumisión. Así pues, enseñar este ejercicio usando un método que fuerce al perro puede hacer, a veces, que éste desarrolle tal miedo hacia ese ejercicio que, o se escape cuando diga usted «échate» (down), o que trate de morder a la persona que intente forzarle a ello.

Tenga al perro sentado al lado de su pierna izquierda, mirando en la misma dirección que usted. Coja la correa con

La orden de «échate» puede ser algo difícil de enseñar. Se consigue de forma más fácil halagándole con una golosina que forzándole a adoptar esa posición.

Puede enseñar a su Bulldog a que se quede quieto en cualquier posición: de pie, sentado o echado.

su mano izquierda y tenga una recompensa en la derecha. Ahora coloque suavemente su mano izquierda sobre la cruz del perro, donde los hombros se encuentran por encima de la columna vertebral. No empuje hacia abajo, apoye sencillamente su mano izquierda ahí para poder guiar al perro para que se eche al lado de su pierna izquierda y que no se balancee alejándose de su lado cuando caiga.

Ahora coloque la mano donde lleva la comida cerca de la trufa del perro, dígale «échate» muy suavemente (casi como un murmullo), y baje lentamente su mano con la recompensa hasta los pies delanteros del perro. Cuando la mano con el premio toque el suelo, empiece a moverla hacia delante, enfrente del perro. Continúe hablándole suavemente, diciéndole cosas como «¿Quieres este premio? Puedes hacerlo, buen perro». Su tono de voz tranquilizador le ayudará a calmarse mientras trata de seguir la mano con la comida para conseguir la recompensa.

Cuando los codos del perro toquen el suelo, déle la comida y alábele suavemente. Intente que el perro mantenga la posición de echado durante varios segundos antes de dejarle que recupere la posición de sentado. El objetivo es

¿SABÍA USTED QUE...?

Si tiene usted otras mascotas en casa y/o se relaciona frecuentemente con las mascotas de sus amigos o de sus familiares, su cachorro les responderá de forma muy parecida a como lo hace usted. Sólo cuando usted muestre miedo o resentimiento hacia otro animal actuará él con miedo o de forma no amistosa.

Elogie y tranquilice a su Bulldog siempre que obedezca sus órdenes. Haga siempre que el adiestramiento sea una experiencia positiva y agradable para el perro.

¿SABÍA USTED QUE...?

Los perros no entienden nuestro lenguaje. Se les puede adiestrar para que reaccionen ante un cierto sonido a un cierto

volumen. Si usted dice «¡No, Oliver!» en un tono de voz suave y agradable, esto no tendrá el mismo significado que si lo grita tan alto como pueda. No debería usted usar nunca el nombre del perro cuando le esté regañando, sino solamente la orden ¡NO! Como los perros no entienden las palabras, los cómicos suelen usar perros adiestrados con los significados contrarios de ciertas palabras. Así pues, cuando el cómico le ordena al perro que se siente, el perro se levantará y viceversa.

Finalice siempre las sesiones de adiestramiento de forma positiva repasando órdenes que el perro ya domine. Una golosina y sus elogios serán formas excelentes de terminar una sesión.

que el perro se calme y no se sienta amenazado.

Enseñarle a quedarse quieto (Stay)

Es fácil enseñar al perro a quedarse quieto. De nuevo usaremos comida y elogios durante el proceso de enseñanza, al tiempo que ayudamos al perro a entender exactamente qué es lo que esperamos que haga.

Para enseñar el siéntate/quieto empiece con el perro sentado a su lado izquierdo, como antes, y sujete la correa con su mano izquierda. Tenga un premio en su mano derecha y coloque esta mano donde lleva la comida delante de la trufa del perro. Dígale «quieto» (Stay) y dé un paso hacia delante con su pie derecho para quedar directamente enfrente de él, con los dedos de sus pies tocando con los de usted, al tiempo que él lame y mordisquea la recompensa. Asegúrese de que su cabeza mire hacia arriba para mantener la posición de sentado. Cuente hasta cinco y entonces muévase para quedarse de nuevo al lado del perro, con él a su izquierda.

Premiar a su perro con una recompensa deliciosa hará que el animal disfrute más con el ejercicio de siéntate-quieto y que éste resulte más fácil para el adiestrador.

Tan pronto como vuelva usted a su posición original, suelte la comida y elógiele profusamente.

Para enseñar el échate/quieto, lleve a cabo el «échate» descrito anteriormente. Tan pronto como el perro se eche, dígale «quieto» y dé un paso hacia delante con su pie derecho, al igual que hizo en el ejercicio de siéntate/quieto. Cuente hasta cinco y entonces vuelva a colocarse al lado del perro, con él a su izquierda. Déle el premio y elógiele como siempre.

Al cabo de una semana o diez días, puede empezar a dejar algo de distancia entre usted y el perro. Cuando lo haga, tenga su mano izquierda abierta, con la palma hacia el perro para indicarle la señal de «quieto», de forma parecida a la señal de un agente de tráfico para detener los vehículos en una intersección. Sujete la recompensa en su mano derecha, como antes, pero esta vez la comida no estará tocando la trufa del perro. Él mirará la mano en la que usted tiene la comida y aprenderá rápidamente que va a obtenerla tan pronto como usted regrese a su lado.

CONSEJO PARA EL ADIESTRAMIENTO

Cuando llame al perro, no le diga «Ven». Dígale cosas como «Rover, ¿dónde estás?

¡A ver si me encuentras! ¡Tengo una galleta para ti!». Charle durante todo el rato con sonidos mimosos y preguntas frecuentes como «¿Dónde estás?». El perro aprenderá a seguir el sonido de su voz para encontrarle y así recibir su recompensa.

Cuando pueda estar de pie a un metro de distancia de su perro durante 30 segundos, entonces podrá empezar a aumentar el tiempo y la distancia en ambos ejercicios de «quieto». Finalmente se podrá esperar que el perro permanezca en esa posición durante largos periodos de tiempo hasta que vuelva usted o le llame para que venga a su lado. Elógiele profusamente siempre cuando permanezca quieto.

ENSEÑARLE A VENIR-VOLVER (COME)

Si usted hace que enseñarle el «ven-vuelve» (Come) sea una experiencia divertida, nunca tendrá a un «alumno» que no adore el juego o que no venga al ser llamado. Parece ser que el secreto consiste en no enseñarle nunca la palabra «ven» o «vuelve».

A veces, cuando un propietario quiere que su perro venga al llamarle, es posible que esté enfadado o nervioso y que estos sentimientos afloren en su tono de voz. Al percibir esta crispación en la voz de su amo, el perro teme el resultado que pueda derivarse de ir hacia él y, por ello, o desobedece completamente o se escapa en la dirección opuesta. El secreto consiste en enseñar al perro un juego, y cuando quiera que venga hacia usted, sencillamente juegue al juego. Ésta es una situación que no fallará prácticamente nunca.

Para empezar, haga que varios miembros de su familia cojan unas pocas recompensas en forma de comida y que cada uno vaya a una habitación diferente de la casa. Túrnense para llamar al perro. Cada persona debería mostrar alegría cuando el perro le encuentre y darle un premio y elogiarle alegremente. Cuando una persona llame al perro, de hecho le está invitando a encontrarle y a obtener una recompensa por «ganar».

Si se juega unas cuantas veces al «¿Dónde estás?», el perro adivinará que todos están jugando con él y que cada persona tiene un premio para cuando los encuentre. Una vez le guste el juego, al llamarle sencillamente con un «¿Dónde estás?» vendrá corriendo desde cualquier sitio donde se encuentre.

Se reconoce que la orden para venir es una de las más importantes que se deben enseñar a un perro, así que es interesante saber que hay adiestradores

CONSEJO PARA EL ADIESTRAMIENTO

Nunca adiestre a su perro si está usted furioso o de mal humor. Los perros son muy sensibles a las emociones humanas, especialmente a la ira, y si su perro percibe que está usted enfadado, establecerá una conexión entre su rabia y su adiestramiento y aprenderá a sentirse resentido o a tener miedo de sus sesiones de adiestramiento.

CONSEJO PARA EL ADIESTRAMIENTO

Nunca llame a su perro para que venga a su lado para corregirle o regañarle cuando llegue hasta donde está usted. Ésta es

la forma más rápida de convertir la orden «Ven-vuelve» en «¡Vete rápido!». Los perros sólo piensan en presente y él relacionará el castigo con ir hacia su amo y no con el mal comportamiento que ha tenido unos momentos antes.

que trabajan con muchos de ellos y que, de hecho, nunca les enseñan la palabra «Ven», aunque estos perros vendrán corriendo como respuesta a la persona que diga su nombre seguido de «¿Dónde estás?». Por ejemplo, una mujer tiene un perro de 12 años que se quedó ciego, pero que nunca falla cuando se trata de encontrar a su dueña cuando ésta le hace esta pregunta.

A los niños les gusta especialmente jugar a este juego con sus perros. Los niños se pueden esconder en espacios más reducidos, como en una ducha o una bañera, tras una cama o debajo de una mesa. El perro necesita esforzarse un poco más para encontrar estos escondites, pero cuando lo logra, le encanta celebrarlo con un premio y con un pequeño revolcón con su niño querido.

ENSEÑARLE A ANDAR AL LADO (HEEL)

«Heel» significa que el perro camina al lado izquierdo de su propietario sin tirar. Lleva tiempo y paciencia acabar teniendo éxito para enseñar a un perro que usted no continuará a menos que él camine tranquilamente a su lado. Que el perro vaya delante y tirando de la correa es, desde luego, algo nada aceptable, excepto en un ring de belleza.

Empiece sujetando la correa en su mano izquierda al tiempo que el perro está sentado al lado de su pierna izquierda. Coja el lazo de la correa con su mano derecha, pero sujete la correa a mitad de camino con su mano izquierda para mantener al perro cerca de usted.

Diga «camina» o «heel» y camine hacia delante con su pie izquierdo.

CONSEJO PARA EL ADIESTRAMIENTO

Si empieza usted a enseñarle el «heel» dando largos paseos y dejando que el perro tire de usted, el malinterpretará esta

acción y se creerá que ésa es una forma aceptable de pasear. Cuando tira usted de la correa para contrarrestar sus tirones, él interpreta los tirones de usted como una señal para tirar todavía más fuerte.

CONSEJO PARA EL ADIESTRAMIENTO

Enseñe a su perro a pasear dentro de una zona cerrada. Una vez crea que el perro obedecerá con toda confianza, y cuando quiera usted acometer ejercicios de obediencia avanzada, como que el perro pasee sin su correa puesta, póngale a prueba en una zona vallada para que no pueda escaparse.

Mantenga al perro cerca de usted y dé tres pasos. Pare y haga que el perro se siente a su lado en lo que ahora llamaremos «posición de heel». Elógiele verbalmente, pero no le toque. Deténgase durante un momento y empiece de nuevo con «camina», dé otros tres pasos, párese de nuevo y ordene al perro que se siente otra vez.

Su objetivo es que el perro camine esos tres pasos sin tirar de la correa. Cuando camine tranquilamente a su lado esos tres pasos sin tirar, aumente el número de pasos hasta cinco. Cuando camine educadamente a su lado al dar usted cinco pasos, puede usted aumentar la distancia hasta diez pasos. Siga aumentando la distancia de su paseo hasta que el perro camine tranquilamente a su lado sin tirar, ya que quiere usted que lo haga a su lado, sin adelantarse ni atrasarse. Cuando acabe de pasear, indíquele que el ejercicio ha terminado elogiando verbalmente a su mascota y diciéndole «Bien, perrito». El «bien» se usa como una palabra de liberación que significa que el ejercicio ha terminado y que el perro puede relajarse.

Si está usted tratando con un perro que insiste en tirar de usted de un lado a otro, sencillamente «eche el freno» y manténgase firme hasta que él se dé cuenta de que ustedes dos no irán a ningún sitio hasta que él se coloque a su lado y camine a su paso y no usted al de él. Puede llevarle algo de tiempo quieto al lado convencer al perro de que usted es el líder y que será usted el que decida la dirección y el ritmo de su paseo.

Cada vez que el perro dirija la vista hacia arriba para mirarle o vaya a su paso, dejando la correa floja entre ustedes dos, alábele suavemente y dígale «Buen paseo, buen perro». Finalmente el perro empezará a responder y al cabo de unos pocos días ya paseará educadamente a su lado sin tirar de la correa. Al principio, las sesiones de adiestramiento deberían ser cortas y muy positivas. El perro pronto será capaz de caminar agradablemente con usted distancias cada vez más largas. Recuerde también darle tiempo libre y la oportunidad de correr y jugar cuando hayan acabado con la práctica del heel.

CONSEJO PARA EL ADIESTRAMIENTO

Colóquese de pie y con un porte autoritario cuando dé órdenes a su perro. No le ordene nada cuando esté usted echado

en el suelo o sobre el sofá. Si está usted a cuatro patas él pensará que usted desea jugar con él.

DESACOSTUMBRARLE A LA COMIDA PARA EL ADIESTRAMIENTO

La comida se usa para la enseñanza de nuevas conductas. Una vez el perro comprenda qué acción le corresponde a una cierta orden, será el momento de comenzar a desacostumbrarle a estas recompensas. Al principio déle un premio después de cada ejercicio. Después empiece a darle sólo una recompensa una de cada dos veces. Mezcle las veces en las que le ofrece comida y las veces en las que solamente le elogia para que así no sepa nunca cuando va a recibir comida y elogios al mismo tiempo o sólo elogios. A esto se le llama «sistema de recompensa de proporción variable» y resulta que tiene éxito, ya que siempre existe la posibilidad de obtener una recompensa, con lo que el perro nunca deja de intentarlo. Sin importar lo que haga, elógiele siempre verbalmente.

CURSILLOS DE OBEDIENCIA

Es una buena idea inscribirse en un cursillo de obediencia, si hay alguno a su disposición. Si su perro es de exposición, quizás serían más apropiadas las clases para la presentación en el ring. Muchas zonas tienen clubes privados que ofrecen adiestramiento básico de obediencia además de cursillos preparatorios para las pruebas de obediencia. Hay también adiestradores caninos particulares que ofrecen clases similares.

En las pruebas de obediencia, los perros pueden ganar títulos en diversos niveles de la competición. Los niveles iniciales incluyen conductas básicas como el sentarse, echarse, pasear, etc. Los niveles más avanzados de la competición incluyen saltos, cobro de objetos, discriminación de olores y trabajo con signos. Los niveles avanzados requieren que el perro y su propietario dediquen mucho tiempo y esfuerzo al adiestramiento, y los títulos que se pueden obtener en estos niveles de competición son muy prestigiosos.

ESCUELA DE OBEDIENCIA

Un cursillo de obediencia básica suele durar de seis a ocho semanas. El perro y el propietario van a una clase de una hora

de duración una vez por semana y practican durante algunos minutos, varias veces al día y todos los días, en casa. Si se hace correctamente, este procedimiento dará como resultado un perro bien educado y un propietario encantado de vivir con una mascota ansiosa por complacerle y que disfruta haciendo cosas con su amo.

LA SALUD DE SU BULLDOG

Los perros sufren muchas de las enfermedades que afectan también a las personas. Incluso puede que compartan muchos de los mismos problemas psicológicos. Como la gente sabe más acerca de las enfermedades humanas que de las que afectan a los perros, muchos de los términos utilizados en este capítulo serán términos familiares, y no necesariamente los que usan los veterinarios. Usaremos el término *rayos X,* en lugar del más aceptable radiografía. También usaremos el término familiar *síntomas,* aunque los perros no tengan síntomas, que son las descripciones de lo que siente el paciente: en lugar de eso, los perros tienen *signos clínicos.* Como ellos no pueden hablar, tenemos que buscar signos clínicos... pero aun así, en este libro usaremos el término *síntomas.*

Como regla general, la medicina se practica. Este término no es arbitrario. La medicina es un arte constantemente cambiante a medida que vamos aprendiendo más y más acerca de la genética, las ayudas electrónicas (como los escáneres por tomografía axial computadorizada o TAC) y la investigación farmacéutica. Hay muchas enfermedades o problemas caninos, como la displasia de cadera, que no se tratan de la misma manera en todo el mundo. Algunos veterinarios optan más por la cirugía que otros.

LA ELECCIÓN DE UN VETERINARIO

Su elección de un veterinario no debería basarse únicamente en su fama, sino también en la conveniencia por estar cerca de su casa. Es mejor uno que viva cerca, ya que pueden surgir emergencias o quizás deba visitarle varias veces para seguir un tratamiento. También es conveniente que disponga de servicios que pueda usted necesitar, como por ejemplo una residencia y una peluquería caninas, además de suministros sofisticados para su mascota, y que tenga una buena reputación por su habilidad y su interés. No hay nada más frustrante que tener que esperar un día o más para ser recibido por un veterinario.

Todos los veterinarios son licenciados universitarios y sus diplomas y/o certificados deberían estar expuestos en su consultorio. De todas formas, hay muchas especialidades que normalmente requieren estudios posteriores e incluso interinidades. Hay especialistas en problemas del corazón (cardiólogos), en problemas de la piel (dermatólogos), en problemas de los dientes y de las encías (dentistas u odontólogos), en problemas oculares (oftalmólogos), en rayos X (radiólogos) y cirujanos especializados en huesos, músculos u otros órganos. La mayoría de los veterinarios llevan a cabo operaciones de rutina, como suturar heridas y cortar colas en aquellas razas en que sea requerido para participar en los certámenes de belleza, y siempre respetando las normas jurídicas de su país. Cuando el problema que afecte a su perro sea grave, no es infrecuente ni atrevido solicitar otra opinión. Quizá también quiera usted comparar los costes de varios facultativos. Los cuidados de la salud complicados y los servicios veterinarios pueden ser muy caros. No sea tímido a la hora de discutir estos costes con su veterinario o con su personal. Las decisiones importantes suelen basarse sobre consideraciones monetarias.

MEDICINA PREVENTIVA

Es mucho más fácil, menos caro y más efectivo practicar la medicina preventiva que luchar contra los achaques de la enfermedad. Los cachorros correctamente criados proceden de padres que fueron seleccionados basándose en su buen perfil genético. La madre debería haber sido vacunada y estar libre de parásitos internos y externos, además de haber sido alimentada adecuadamente. Debido a estas razones, es recomendable una visita al veterinario que se ocupó de ella. La madre puede transmitir a sus cachorros resistencia a enfermedades que puede durar de ocho a diez semanas, pero también puede transmitirles parásitos e infecciones varias. Ésa es la razón por

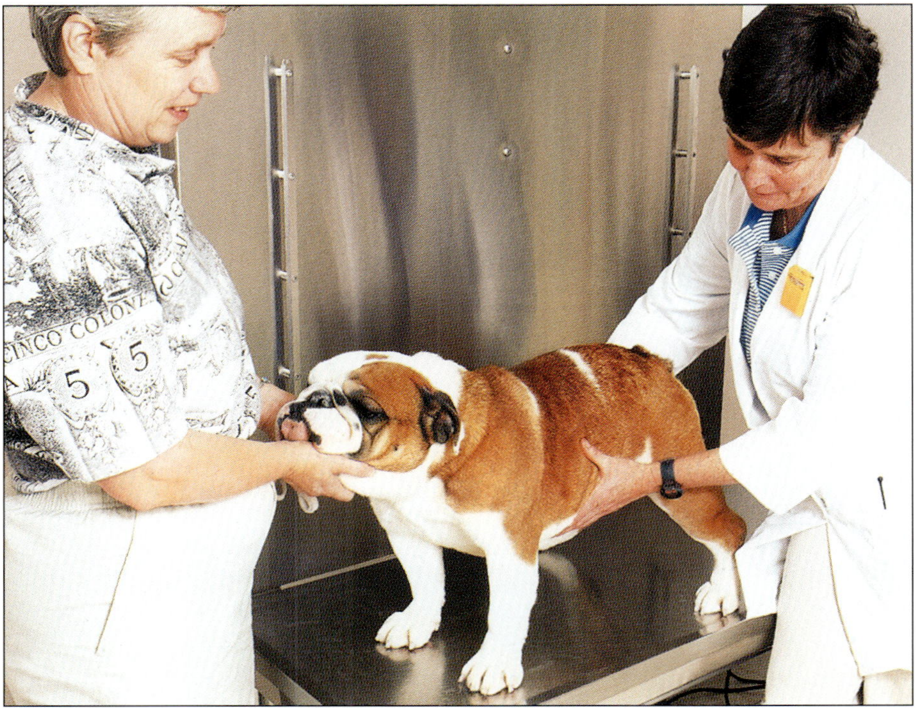

Su Bulldog debería ser sometido a chequeos regulares por parte de su veterinario, que le podrá aconsejar programas de cuidados adecuados para su perro.

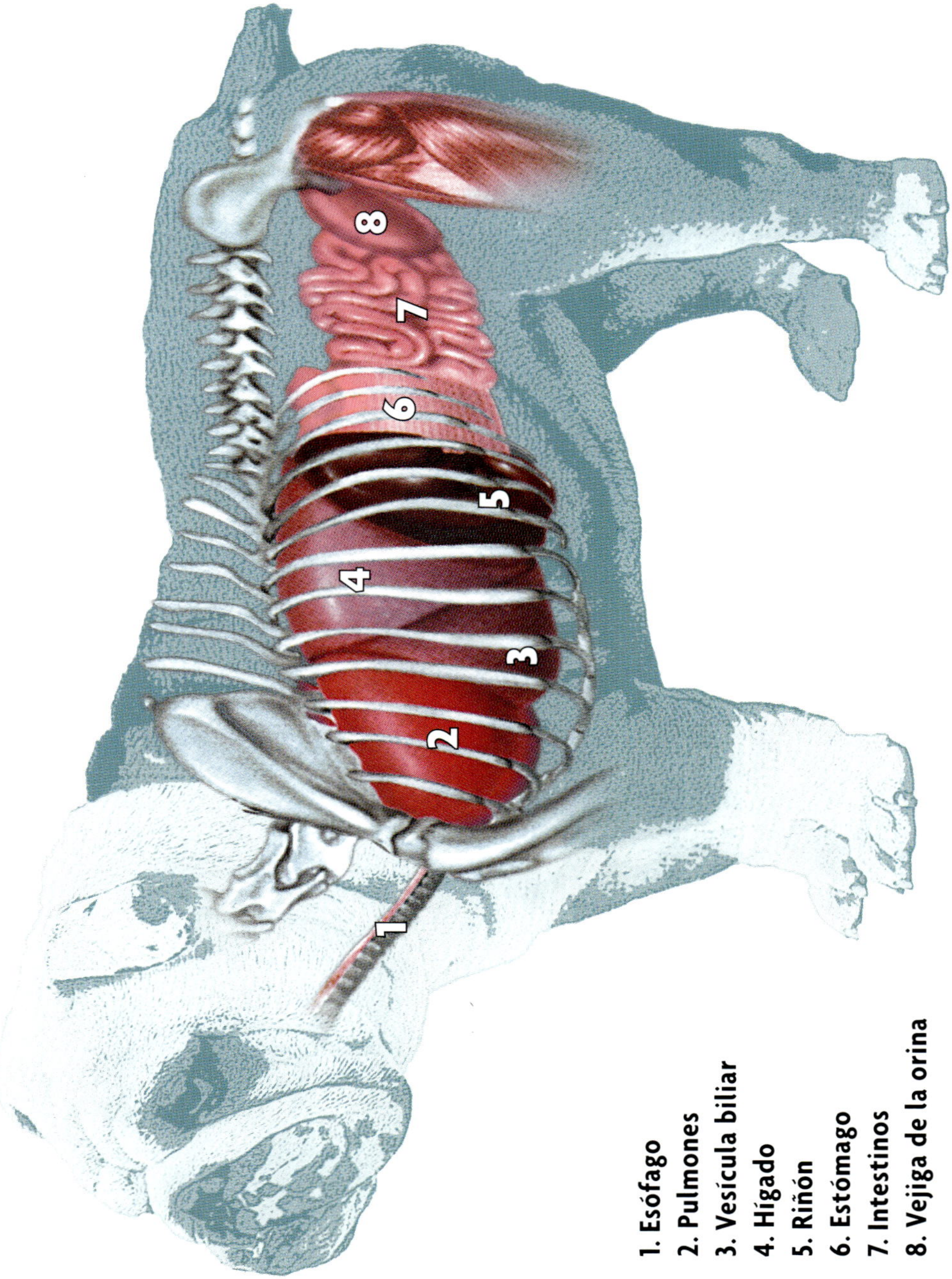

1. Esófago
2. Pulmones
3. Vesícula biliar
4. Hígado
5. Riñón
6. Estómago
7. Intestinos
8. Vejiga de la orina

Órganos internos del Bulldog

la cual debería usted ir al veterinario que se ocupó de ella.

Desde el destete hasta los cinco meses de edad

Los cachorros deberían ser destetados cuando tienen alrededor de dos meses de edad. Un cachorro que permanezca durante por lo menos ocho semanas con su madre y sus compañeros de camada, generalmente se adaptará después mejor a otros perros y a las personas.

En cualquier caso, debería llevar a su cachorro a que sea examinado por un veterinario inmediatamente. Los programas de vacunación generalmente empiezan cuando el cachorro es muy joven.

Al cachorro se le examinarán los dientes así como la estructura de su esqueleto y su estado general de salud antes de la certificación que corresponde extender al veterinario. Los cachorros de ciertas razas tienen problemas con sus rótulas, cataratas y otros problemas oculares, soplos cardiacos y testículos que no han descendido. Pueden tener también problemas de personalidad y quizás su veterinario sepa evaluar acerca de su temperamento.

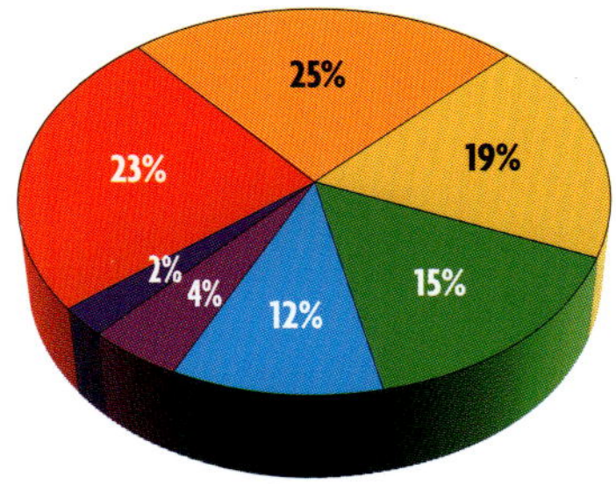

Los ingresos de un veterinario norteamericano normal clasificados según los servicios prestados. Este estudio se basó en la práctica con pequeños animales (mascotas).

¿SABÍA USTED QUE...?

Un examen dental es imperativo cuando el perro tiene entre seis meses y un año de edad, y así cualquier diente permanente que haya salido de forma incorrecta puede ser corregido. Es importante comenzar con un régimen de cepillados, usando preferentemente una técnica de cepillado por ambos lados, mediante la cual se sanean ambas caras al mismo tiempo. Los juguetes para morder duraderos hechos de nylon y aquellos que sean seguros y comestibles deberían formar parte del arsenal para que su perro tenga una buena salud, una buena dentadura y un aliento agradable. La amplia mayoría de los perros de entre tres y cuatro años de edad y los que sean aún mayores tienen enfermedades de las encías debido a la falta de cuidados dentales. El uso de los varios tipos de juguetes para morder puede ser muy efectivo para controlar la placa dental.

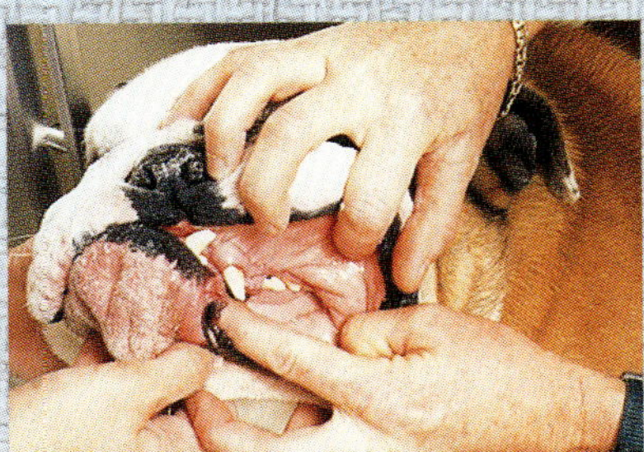

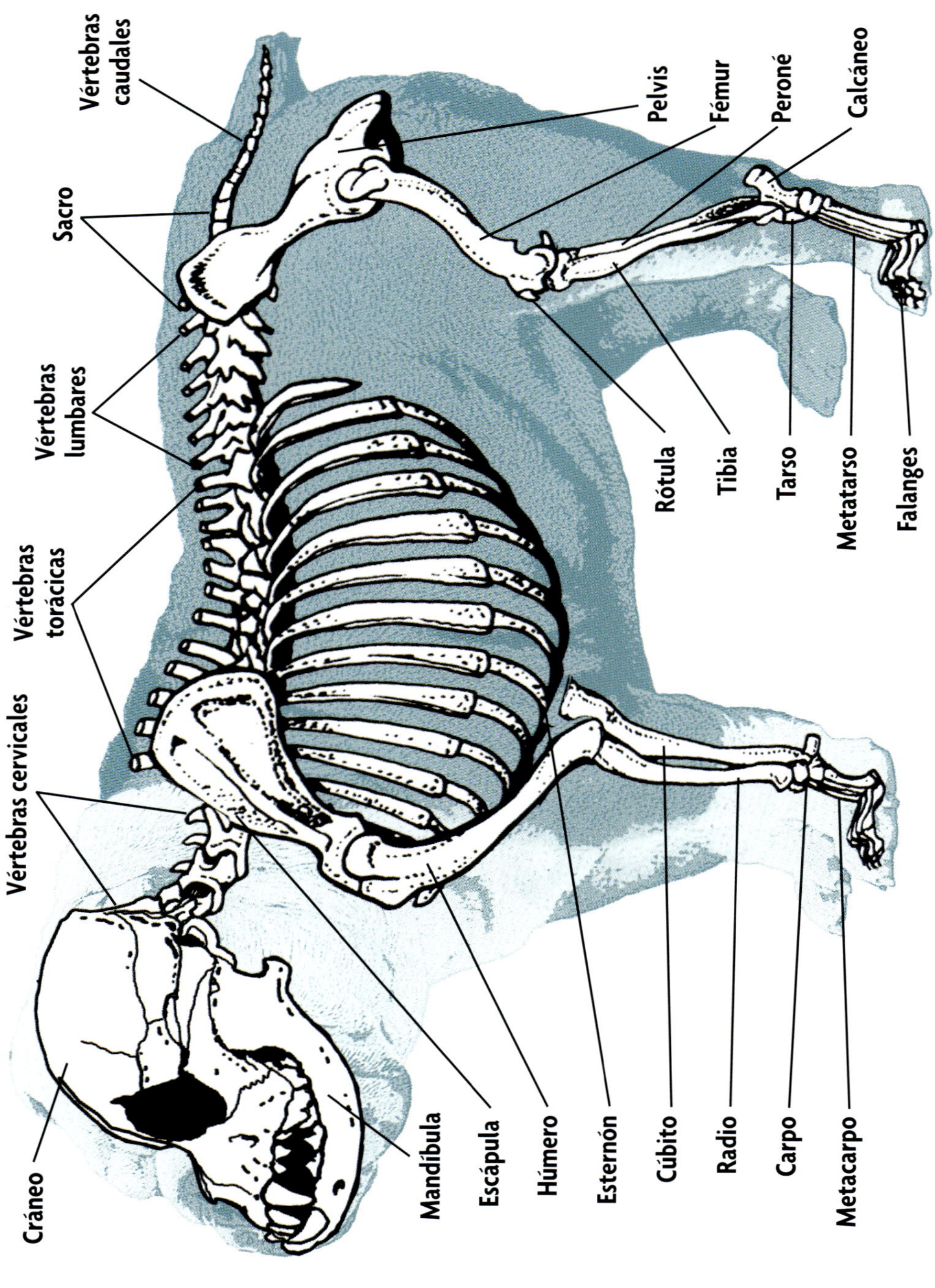

Estructura del esqueleto del Bulldog

Programa de vacunaciones

La mayoría de las vacunas son administradas mediante inyección y sólo debería hacerlo un veterinario. Tanto él como usted deberían llevar un registro con la fecha de la inyección, la identificación de la vacuna y la cantidad administrada. Algunos veterinarios administran la primera vacuna a las ocho semanas de edad, pero la mayoría de los criadores de perros prefieren que las tandas de vacunaciones no comiencen hasta las diez semanas porque así no habrá interferencias con los anticuerpos maternales. El programa de vacunaciones se suele basar en un ciclo de 15 días. Debe seguir el consejo de su veterinario acerca de cuándo vacunar, ya que esto puede variar según la vacuna que se use. La mayoría de las vacunas inmunizan a su cachorro frente a varios virus.

Las vacunas usuales contienen dosis inmunizantes de varios virus diferentes, como por ejemplo el virus del moquillo, el de la parvovirosis, el de la parainfluenza y el de la hepatitis. Hay otras vacunas a su disposición cuando el cachorro corra algún riesgo. Debería usted fiarse del consejo de un profesional. Esto es especialmente cierto para el programa de las dosis de recuerdo (revacunaciones). La mayoría de los programas necesitan una dosis de recuerdo cuando el cachorro tiene un año de edad, y a partir de ahí, una vez al año. En algunos casos, las circunstancias pueden requerir inmunizaciones más o menos frecuentes.

La tos de las perreras (o tos canina), más formalmente conocida como traqueobronquitis, es tratada con una vacuna que se aplica en forma de aerosol en los orificios nasales del perro. La tos de las perreras suele incluirse en las vacunaciones rutinarias, pero generalmente, la vacunación frente a ella no es tan efectiva como la vacunación frente a otras enfermedades importantes.

¿SABÍA USTED QUE...?

Su veterinario probablemente le recomendará que su cachorro sea vacunado antes de sacarle de casa. Hay enfermedades transmitidas por el aire, huevos de parásitos en la hierba y visitas inesperadas de otros perros que podrían ser peligrosos para la salud de su cachorro.

Desde los cinco meses hasta el año de edad

A no ser que pretenda usted hacer criar o exponer a su perro en certámenes de belleza, puede que ciertos criadores le recomienden castrar (en el caso de los machos) o esterilizar (si se trata de una hembra) al cachorro a los seis meses de edad. Hable acerca de es-

PROGRAMA DE SALUD Y DE VACUNACIONES

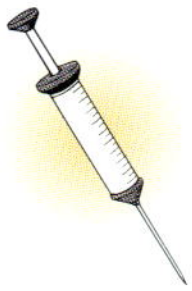

EDAD (SEMANAS):	6ª	8ª	10ª	12ª	14ª	16ª	20-24ª	1 AÑO
Desparasitación interna	✔	✔	✔	✔	✔	✔	✔	
Castración/Esterilización								✔
Gusano del corazón		✔		✔		✔	✔	
Parvovirosis	✔		✔		✔		✔	✔
Moquillo		✔		✔		✔		✔
Hepatitis		✔		✔		✔		✔
Leptospirosis								✔
Parainfluenza	✔		✔		✔			✔
Examen dental		✔					✔	✔
Examen físico completo		✔					✔	✔
Coronavirosis				✔			✔	✔
Tos de las perreras	✔							
Displasia de cadera								✔
Rabia							✔	

Las vacunas no son efectivas al instante. Al sistema inmunitario del perro le lleva unas dos semanas desarrollar anticuerpos. La mayoría de las vacunaciones requieren dosis de recuerdo (revacunaciones) anuales. Su veterinario le guiará a este respecto.

to con su veterinario. Estos ejemplares no podrán criar ni participar en certámenes caninos, ni obtener el pedigree definitivo cuando se exige la confirmación para ello.

Su veterinario debería someter a su cachorro a un examen dental completo a los seis meses de edad, para asegurarse de que todos los dientes permanentes hayan salido de forma correcta. Se debería comenzar con un régimen de cuidados dentales en casa a los seis meses, lo que incluirá cepillados semanales y el suministro de ayudas que sean buenos para la dentadura (como por ejemplo huesos de nylon). Los cuidados dentales regulares promueven unos dientes sanos, un aliento fresco y una vida más larga.

DE UNO A SIETE AÑOS DE EDAD

Una vez al año, su perro adulto debería ir al veterinario para que le someta a una exploración y para que le inyecte las vacunas de recuerdo. Algu-

¿SABÍA USTED QUE...?

Las vacunas no siempre funcionan. A veces los perros son alérgicos a ellas y otras veces los anticuerpos, cuya producción se supone que debería ser estimulada por la vacuna, no son elaborados. Debería mantener a su perro en la clínica veterinaria durante una hora después de que haya sido vacunado para asegurarse de que no haya reacciones alérgicas.

nos veterinarios recomiendan análisis de sangre, controles de los niveles de hormonas tiroideas y exámenes dentales durante estas visitas anuales. Una evaluación clínica exhaustiva por parte del veterinario puede proporcionarle un buen historial médico. Se suelen llevar a cabo análisis de sangre cuando el perro tiene un año y exámenes dentales hacia su tercer o cuarto aniversario. A largo plazo, la medicina preventiva de su mascota puede ahorrar dinero, dientes y conseguir una vida larga y placentera, con el mínimo de dolencias posible.

PROBLEMAS DE PIEL EN LOS BULLDOG

Los propietarios de perros consultan a sus veterinarios acerca de los problemas de piel más que acerca de cualquier otro grupo de enfermedades o males. Esto es especialmente cierto en el caso del Bulldog, ya que esta raza es bastante susceptible a los problemas de la piel y a las alergias, que pueden manifestarse en forma de problemas cutáneos. La piel de los perros es casi tan sensible como la de las personas, y ambas sufren prácticamente las mismas dolencias (aunque la incidencia

TABLA DE REFERENCIA DE ENFERMEDADES

	¿Qué es?	¿Qué la causa?	Síntomas
Leptospirosis	Enfermedad grave que afecta a los órganos internos. Puede transmitirse a las personas.	Una bacteria frecuentemente transmitida por roedores, que entra a través de las membranas mucosas y se disemina rápidamente por todo el cuerpo.	Van desde fiebre, vómitos y pérdida del apetito en los casos menos graves, hasta shock, daño renal irreversible y posiblemente la muerte en los casos más graves.
Rabia	Virus potencialmente mortal que infecta a los mamíferos de sangre caliente.	Mordedura de un portador del virus, sobre todo animales salvajes.	1ª etapa: cambio del comportamiento, miedo. 2ª etapa: el comportamiento se torna más agresivo. 3ª etapa: pérdida de coordinación, problemas con las funciones corporales.
Parvovirosis	Virus altamente contagioso y potencialmente mortal.	Ingestión del virus, que generalmente se transmite por las heces de perros infectados.	Más común: diarrea grave. También vómitos, cansancio, falta de apetito.
Tos de las perreras	Infección respiratoria contagiosa.	Combinaciones de bacterias y virus. Más común: *Bordetella bronchiseptica* (bacteria) y virus de la parainfluenza.	Tos crónica.
Moquillo	Enfermedad que afecta principalmente al sistema respiratorio y al nervioso.	Virus relacionado con el del sarampión humano.	Síntomas leves como fiebre, falta de apetito y secreción mucosa que progresan hasta que se hace evidente el daño cerebral. «Almohadillas de los pies duras».
Hepatitis	Virus que afecta principalmente al hígado.	Adenovirus canino tipo I (CAV-1). Entra cuando el perro respira partículas.	Los síntomas más leves son apatía, diarrea y vómitos y los más graves incluyen el «ojo azul» (masas de virus en el ojo.)
Coronavirosis	Virus que da como resultado problemas digestivos.	Virus transmitido por las heces de perros infectados.	Estómago revuelto evidenciado por la falta de apetito, los vómitos y la diarrea.

del acné en perros es muy rara). Debido a esto, la dermatología se ha convertido en una especialidad practicada por muchos veterinarios.

Como muchos de los problemas de la piel tienen síntomas visuales casi idénticos, se requiere la habilidad de un dermatólogo veterinario experimentado para identificar y curar muchos de los desórdenes cutáneos más graves. Las tiendas de mascotas venden varios tratamientos para los problemas de la piel, pero la mayoría están dirigidos a los síntomas y no a el/los problema(s) subyacente(s). Si su perro sufre algún problema de piel, debería usted buscar ayuda profesional tan pronto como sea posible. Como sucede en el caso de todas las enfermedades, cuanto antes se identifique y se trate un problema, más éxito tendrá la curación.

ACRODERMATITIS

Hay una posibilidad de un 25% de que un cachorro obtenga la combinación fatal de genes a partir de sus padres, si éstos tienen un gen recesivo para la acrodermatitis:

AA: NORMAL, SANO
aa: FATAL
Aa: RECESIVO, ASPECTO NORMAL

Si la madre tiene una combinación de genes Aa y el padre también, la probabilidad de que un cachorro vaya a obtener la combinación fatal aa es de un 25 %.

Madre

Padre	A	a	♀
A	AA	Aa	
a	Aa	aa	
♂			

Problemas de la piel hereditarios

Muchos desórdenes de la piel son hereditarios y algunos de ellos resultan fatales. Por ejemplo, la acrodermatitis es una enfermedad hereditaria transmitida por ambos padres. Los padres, que son (fenotípicamente) normales, tienen un gen recesivo para la acrodermatitis, lo que quiere decir que son portadores de la enfermedad pero que no la padecen.

La acrodermatitis es, simplemente, un ejemplo de lo difícil que resulta prevenir muchas enfermedades congénitas de los perros. El coste y los conocimientos que se necesitan para determinar si dos perros deberían aparearse son muy altos, incluso a pesar de que los cachorros que padecen esta enfermedad rara vez superen los dos años de edad.

Otros problemas hereditarios de la piel no suelen ser fatales como la acrodermatitis. Todas las enfermedades hereditarias deben ser diagnosticadas y tratadas por un veterinario especializado. Actualmente hay programas en curso por parte de muchos laboratorios farmacéuticos veterinarios para solucionar la mayoría de los problemas de la piel que normalmente afectan a los perros.

Primeros auxilios de un vistazo

Quemaduras
Coloque la zona afectada en agua fría. Use hielo si la quemadura afecta sólo a una zona pequeña.

Picaduras de abejas/insectos
Aplique hielo para mitigar la tumefacción. Administre un antihistamínico a la dosis adecuada.

Mordeduras de animales
Limpie cualquier zona que sangre. Haga presión hasta que la hemorragia disminuya. Vaya al veterinario.

Picaduras de arañas
Use compresas frías que presionen para intentar evitar que el veneno se extienda o propague.

Envenenamiento por anticongelante
Induzca inmediatamente el vómito usando peróxido de hidrógeno (agua oxigenada). Busque ayuda veterinaria inmediatamente.

Anzuelos
Es mejor que los extraiga un veterinario. El anzuelo debe ser cortado para sacarlo.

Mordeduras de serpiente
Coloque una bolsa o compresa de hielo alrededor de la mordedura. Contacte rápidamente con el veterinario. Identifique a la serpiente para así administrar el antiveneno adecuado.

Accidentes de coche
Aparte al perro de la carretera con una sábana. Busque ayuda veterinaria.

Shock
Tranquilice al perro, manténgale caliente y busque ayuda veterinaria inmediatamente.

Hemorragia por la trufa
Aplique una compresa fría sobre la trufa y haga presión sobre cualquier abrasión visible.

Hemorragias
Aplique presión por encima de la zona. Coloque una compresa de algodón sobre la herida.

Golpe de calor (insolación)
Sumerja al perro en un baño con agua fría. Refrésquele con aire fresco y agua. Vaya al veterinario.

Congelación/hipotermia
Caliente al perro metiéndole en un baño de agua caliente, o cubriéndole con mantas eléctricas o botellas o bolsas de agua caliente.

Abrasiones
Limpie la herida y lávela concienzudamente con agua abundante. Aplique un antiséptico.

!! *Recuerde: un perro herido puede intentar morder a la persona que le está ayudando, debido al miedo y a la confusión. Póngale siempre el bozal antes de intentar ayudarle.* !!

Picaduras de parásitos

Muchos de nosotros somos alérgicos a las picaduras de los insectos. Nos hacen sentir prurito, nos provocan una hinchazón e incluso se pueden infectar. Los perros experimentan la misma reacción contra las pulgas, las garrapatas y los ácaros. Cuando un insecto se posa sobre usted, tiene la posibilidad de apartarlo de un manotazo. Desgraciadamente, cuando nuestro perro es picado por una pulga, una garrapata o un ácaro, sólo se puede rascar o mordérselo. Para cuando el perro ha sido picado, el parásito ya ha hecho un daño. Quizás también haya puesto huevos para así causar más problemas posteriormente, en un futuro cercano. El prurito ocasionado por las picaduras de los parásitos es probablemente debido a la saliva inyectada en el lugar donde éstos chupan la sangre al perro.

Enfermedades autoinmunes de la piel

Los problemas autoinmunes de la piel se dice que son algo así como ser alérgico a uno mismo, mientras que las alergias son normalmente reacciones inflamatorias a un estímulo externo. Las enfermedades autoinmunes o autoinmunitarias causan lesiones graves sobre los tejidos afectados.

La enfermedad autoinmune más conocida es el lupus, que afecta tanto a las personas como a los perros. Los síntomas son variables y pueden afectar a los riñones, los huesos, la bioquímica sanguínea y la piel. Puede ser fatal tanto para los perros como para las personas, aunque no se cree que sea transmisible. Normalmente se trata con éxito con cortisona, con prednisona o con un corticosteroide similar, pero el uso prolongado de estos fármacos puede tener efectos secundarios dañinos.

Alergias transmitidas por el aire

Una alergia interesante es la del polen. Las personas padecen fiebre del heno, fiebre rosa y otras fiebres que pueden sufrir durante la estación de la polinización. Muchos perros sufren las mismas alergias. Cuando los recuentos de polen son altos, su perro puede sufrir, pero no espere que estornude y que la nariz le gotee como a las personas. Los perros reaccionan a las alergias al polen de la misma forma que reaccionan contra las pulgas: se rascan y se muerden.

PROBLEMAS RELACIONADOS CON EL ALIMENTO

Alergias alimentarias

Los perros son alérgicos a varios alimentos que son números uno en ventas y que están muy recomendados por criadores y veterinarios. Cambiar de marca de alimento quizás no solucione el problema si la sustancia a la que el perro es alérgico está también contenida en la nueva marca.

Reconocer una alergia alimentaria es difícil. Las personas vomitan o sufren erupciones cutáneas cuando toman alimentos a los que son alérgicos. Los perros, generalmente, ni vomitan ni sufren erupciones cutáneas. En lugar de ello reaccionan de la misma manera en que reaccionan a las alergias transmitidas por el aire o a la provocada por las pulgas: sienten picor, se rascan y se muerden, haciendo que el diagnóstico sea muy difícil. Mientras que las alergias al polen y a las picaduras de los parásitos son generalmente estacionales, las alimentarias se dan a lo largo de todo el año.

Intolerancia al alimento

La intolerancia al alimento es la incapacidad que tiene el perro de digerir por completo ciertos ingredientes. Los cachorros a los que quizás les haya ido muy bien con la leche de su madre, quizás no les vaya bien con la de vaca. La intolerancia al alimento puede dar como resultado diarrea, flatulencias y dolores estomacales. Éstos son los únicos síntomas obvios y hace que el diagnóstico resulte difícil.

Tratamiento de los problemas relacionados con los alimentos

Es posible tratar las alergias alimentarias y la intolerancia a los alimentos por su cuenta. Déle a su perro una dieta que nunca haya comido. Obviamente, si nunca ha comido este nuevo alimento no puede haber sido alérgico ni intolerante a él. Empiece con un único ingrediente que no esté presente en la dieta que haya comido. Los ingredientes como la ternera o el pescado son comunes en las dietas para perros, así que inténtelo con algo más exótico, como conejo, pollo e incluso sólo verduras. Mantenga esta dieta (sin aditivos) durante un mes. Si los síntomas de alergia o intolerancia alimentaria desaparecen, es posible que su perro padezca una alergia alimentaria.

No piense que ese único ingrediente haya resuelto el problema. Todavía tiene que dar con una dieta adecuada y determinar qué ingrediente de la antigua comida era el causante del problema. La manera más fácil de conseguirlo es ir añadiendo ingredientes, uno a uno, a la nueva dieta. Permita al perro comer la nueva fórmula durante un mes antes de añadir un nuevo componente. Al final, determinará usted cuál era el ingrediente inadecuado.

Un método alternativo es estudiar cuidadosamente los ingredientes de la dieta a la que su perro es alérgico o intolerante. Identifique el componente principal y elimínelo comprando un alimento diferente que no lleve ese producto. Siga experimentando hasta que los síntomas desaparezcan después de comer durante un mes la nueva dieta.

¿SABÍA USTED QUE?

Cuando los perros machos son castrados, la operación consiste en extirpar los testículos y es anestesiado de forma general. La recuperación lleva bastante tiempo. Las hembras son esterilizadas (una ovariohisterectomía). Esto es cirugía mayor y a la hembra tarda más tiempo que el macho en recuperarse.

Microfotografía electrónica de barrido (M.E.B.) de una pulga del perro, *Ctenocephalides canis*.

M.E.B. por el Dr. Dennis Kunkel, Universidad de Hawai.

Cabeza de la pulga del perro *Ctenocephalides canis* aumentada de tamaño.

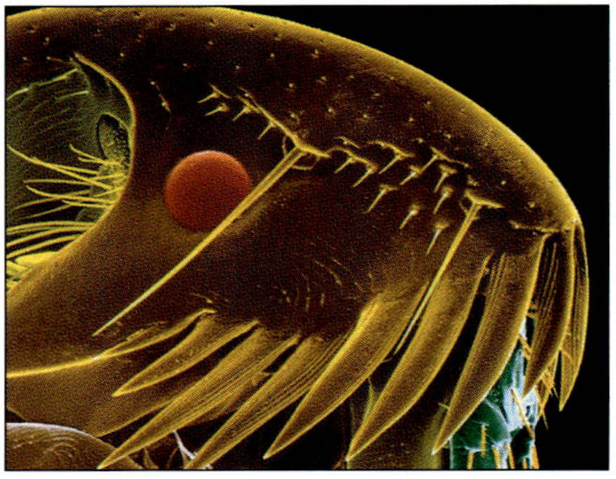

M.E.B. por el Dr. Dennis Kunkel, Universidad de Hawaii.

PARÁSITOS EXTERNOS

De todos los problemas que afectan a los perros, ninguno es tan bien conocido y frustrante como el de las pulgas. Las infestaciones provocadas por las pulgas son relativamente fáciles de curar, pero son difíciles de prevenir. Los parásitos internos son un poco más difíciles de curar pero son más fáciles de controlar.

Pulgas

Para controlar una infestación por pulgas debe usted conocer su ciclo vital. La gente cree que las pulgas son un problema veraniego, pero las casas con calefacción central han modificado bastante estos patrones y pueden encontrarse en cualquier época del año. El método más efectivo para controlar a las pulgas es un

Una pulga macho del perro, *Ctenocephalides canis*.

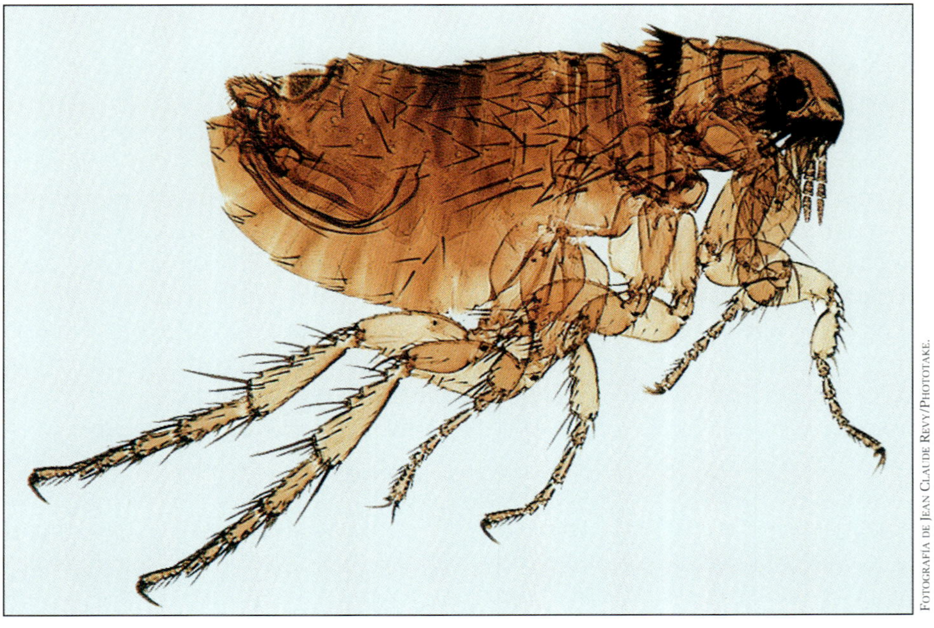

Fotografía de Jean Claude Revy/Phototake.

¿SABÍA USTED QUE...?

Los antipulgas son venenosos. No debería rociar estos productos químicos tóxicos sobre las zonas del cuerpo que el perro se lama, sobre sus genitales o sobre su cara. Los antipulgas que se ingieren parecen ser una mejor solución, pero consulte a su veterinario por si la terapia interna no fuera recomendable para su perro.

enfoque a dos bandas: una fase consiste en eliminar a las adultas y la otra en controlar el desarrollo de las preadultas. Desgraciadamente no existe ningún único fármaco que sea efectivo contra todas las etapas del ciclo vital.

ETAPAS DEL CICLO VITAL

Durante su vida, las pulgas pasan por cuatro etapas: huevo, larva, pupa y adulto. La etapa adulta es la más visible e irritante de su ciclo vital y ésta es la razón de por qué la mayoría de los productos para controlarlas se concentran en esta fase. La realidad es que las pulgas adultas representan sólo el 1% de la población total, y que el 99 % restante está presente en forma de las etapas preadultas (esto es: huevos, larvas y pupas). Las etapas preadultas son difícilmente visibles a simple vista.

EL CICLO VITAL DE LA PULGA

Los huevos son puestos sobre el perro, generalmente en cantidades de unos 20 o 30, varias veces al día. La pulga hembra adulta debe alimentarse de sangre antes de cada puesta de huevos. Justo después, éstos quedarán pegados al pelo del perro, ya que todavía están húmedos. De todas formas, se secan pronto y caen del perro, especialmente si éste corretea o se rasca. Muchos huevos caerán en la zona favorita del perro o en un área donde éste pase mucho tiempo, como por ejemplo su cama.

Una vez que los huevos caigan del perro a la alfombra o a los muebles, eclosionarán para pasar a ser larvas. Esto les lleva de uno a diez días. Las larvas no son particularmente móviles y generalmente sólo se desplazarán unos centímetros del lugar donde eclosionaron.

Un vistazo a las pulgas

Las pulgas han sobrevivido durante millones de años y se han adaptado a los cambiantes animales hospedadores. Son capaces de cubrir su ciclo vital en menos de un mes, o pueden alargar su vida hasta casi dos años manteniéndose en la fase de pupas o capullos. No necesitan sangre ni otro tipo de alimento durante hasta 20 meses.

Se ha constatado que las pulgas son capaces de saltar 300.000 veces, y que pueden saltar 150 veces su tamaño en cualquier dirección, incluso hacia arriba. Éstas son sólo algunas de las razones de por qué tienen tanto éxito en infestar a un perro.

ILUSTRACIÓN CORTESÍA DE BAYER VITAL GMBH & CO. KG.

De todas formas, tienen tendencia a alejarse de la luz y de los lugares donde hay mucho tránsito. Lugares comunes donde encontrar grandes cantidades de larvas de pulgas son debajo de los muebles y detrás de las puertas.

Las larvas de las pulgas se alimentan de materia orgánica muerta, incluyendo las heces de las pulgas adultas, hasta que estén preparadas para transformarse en pulgas adultas. Las pulgas generalmente permanecerán en la fase de larva unos siete días. Después de este periodo las larvas crisalidarán para transformarse en pupas o crisálidas protectoras. Mientras se encuentran dentro de la pupa las larvas sufren una metamorfosis y se transforman en pulgas adultas. Esto puede llevarles tan sólo unos pocos días, aunque las pulgas adultas pueden permanecer dentro de la crisálida esperando al momento de su eclosión hasta dos años. Las pupas reciben la señal para eclosionar a partir de ciertos estímulos, como la presión física (que la pupa sea pisada, por el calor de un animal que se encuentre encima de ella, o debido a un incremento en los niveles de dióxido de carbono y de las vibraciones), que indicarían que hay un hospedador adecuado a su disposición.

Una vez ha eclosionado, la pulga adulta debe alimentarse antes de que pasen unos pocos días. Cuando la pulga adulta haya encontrado un hospedador, no lo abandonará voluntariamente. Sólo será eliminada mediante el cepillado o debido a que el animal se rasque. La pulga adulta permanecerá sobre el hospedador durante toda su vida a no ser que sea sacada de allí por la fuerza mediante un baño o con ayuda de un insecticida.

En guardia: Cazar a las pulgas con la guardia baja

Tenga en cuenta las siguientes formas de «armarse» para luchar contra las pulgas:

- Añada una pequeña solución de aceite de poleo o de eucalipto al baño de su perro. Estos remedios naturales repelen a las pulgas.
- Suplemente la dieta de su perro con ajo fresco (picado o rallado) y una buena cantidad de levadura de cerveza. Ambos le protegerán contra las pulgas.
- Use un peine para las pulgas a diario sobre su perro. Sumérjalas en una taza llena de lejía para matarlas rápidamente.
- Tenga al perro únicamente en unas pocas habitaciones para limitar la diseminación de las pulgas por toda la casa.
- Pase la aspiradora a diario... y llegue a todas las grietas. Elimine las bolsas de la aspiradora cada pocos días hasta que el problema esté bajo control.
- Lave a diario el lecho de su perro. Cubra las almohadas del lugar donde duerme con toallas, y lávelas frecuentemente.

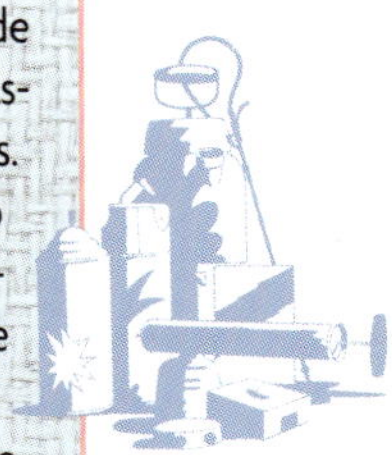

¿SABÍA USTED QUE...?

Nunca mezcle productos para el control de las pulgas sin antes consultar con su veterinario. Algunos de ellos pueden resultar tóxicos al combinarse con otros y dar lugar a consecuencias graves o fatales.

Página anterior: Microfotografía electrónica de barrido de una pulga del perro o del gato, *Ctenocephalides*, a más de 100 aumentos. La imagen ha sido coloreada para conseguir mayor efecto.

Ciclo vital de la pulga

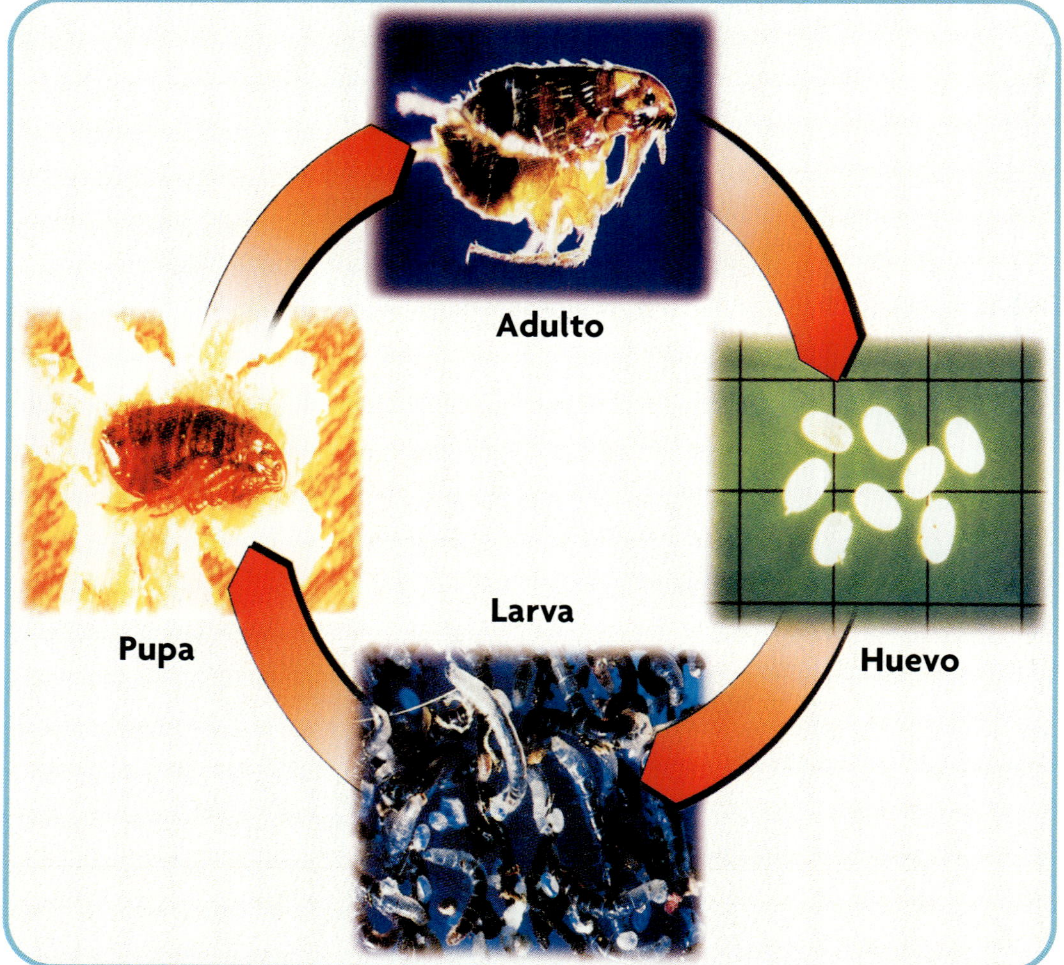

Esta representación gráfica del ciclo vital de la pulga aparece como cortesía de Fleabusters®, Rx for Fleas.

TRATAMIENTO DEL ENTORNO Y DEL PERRO

El tratamiento contra las pulgas debería consistir en un ataque por dos frentes. En primer lugar hace falta tratar el entorno. Esto incluye las alfombras y los muebles, especialmente el lecho del perro y las zonas que se encuentran debajo de los muebles. El entorno debería tratarse con un aerosol para el hogar que contenga un Regulador del Crecimiento de los Insectos (RCI) y con un insecticida que mate a las pulgas adultas. La mayoría de los RCI son efectivos contra los huevos y las larvas. De hecho imitan a las propias hormonas de las pulgas y evitan que los huevos y las larvas se de-

Fotografía de Dwight R. Kuhn.

La magnífica fotografía en acción de Dwight R. Kuhn nos muestra a una pulga saltando del dorso de un perro.

sarrollen y se transformen en pulgas adultas. Actualmente no se dispone de tratamientos para atacar la fase de pupa, así que se utiliza un insecticida contra las pulgas adultas para matar a las recién eclosionadas antes de que encuentren un hospedador. La mayoría de los RCI son activos durante muchos meses, mientras que los insecticidas que atacan a las pulgas adultas sólo son activos durante unos pocos días.

Cuando esté efectuando un tratamiento con un aerosol para el hogar, conviene pasar la aspiradora antes de aplicar el producto. Esto estimula a que eclosionen tantas pupas como sea posible para que aparezcan las pulgas adultas. También se debería aplicar un tratamiento contra las pulgas sobre la aspiradora para evitar que eclosionen los huevos y las larvas que han sido aspirados hasta el interior de la bolsa.

La segunda etapa del tratamiento consiste en aplicar un insecticida para las pulgas adultas sobre el perro. Tradicionalmente éste se aplicaría en forma de un collar o de un aerosol, pero las innovaciones más recientes incluyen un insecticida digestible (vía oral) que envenena a las pulgas cuando éstas ingieren la sangre del perro. También hay unas gotas que, al aplicarlas sobre la nuca del animal se difunden por toda la piel y el pelaje y matan a las pulgas adultas.

Garrapatas y ácaros

Aunque no son tan comunes como las pulgas, las garrapatas y los ácaros se encuentran por toda la zona tropical y

CONTROL DE LAS PULGAS

Se deberían usar dos tipos de productos cuando se esté tratando la infestación por pulgas: un producto para tratar a la mascota y otro para tratar el hogar. Las pulgas adultas representan menos del 1 % de su población. Las preadultas (huevos, larvas y pupas) representan más de 99 % de la población de pulgas y se las encuentra en el medio ambiente. Es en el caso de las preadultas donde se debería usar un producto que contenga un Regulador del Crecimiento de los Insectos (RCI) en el hogar.

Los RCI son una nueva clase de compuestos que se usan para prevenir el desarrollo de los insectos. No matan directamente al insecto, sino que en lugar de ello usan su biología contra él mismo para evitar que complete su crecimiento. Los productos que contienen metopreno son los RCI líderes, los que se encuentran en la primera posición. Usado para controlar a las pulgas y a otros insectos, este RCI evitará que las larvas de las pulgas se desarrollen y protegerán su hogar durante hasta siete meses.

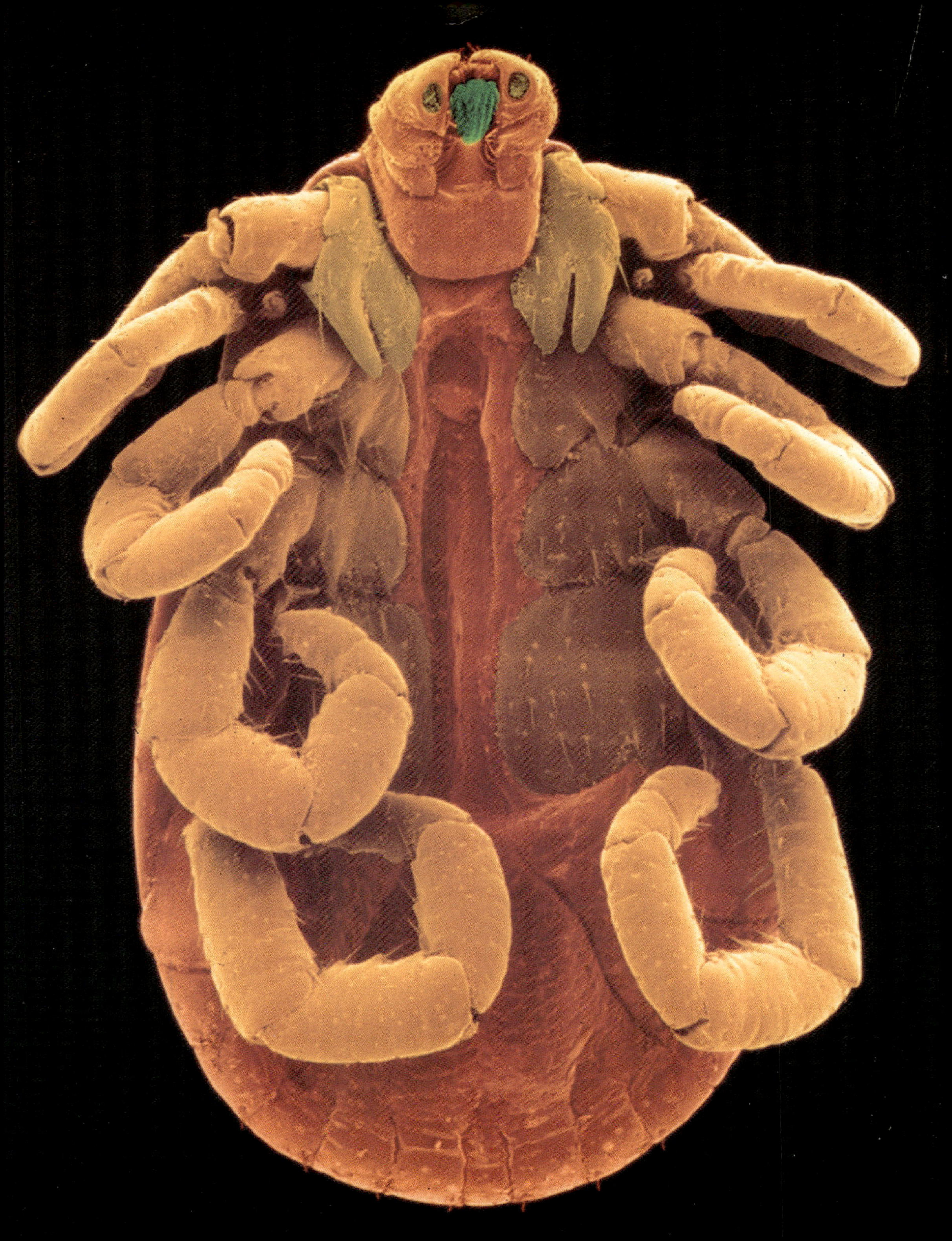

M.E.B. por el Dr. Dennis Kunkel, Universidad de Hawaii.

templada del mundo. No pican como las pulgas, sino que arponean. Entierran su afilado pico en la piel del perro y beben su sangre, que es su único alimento. Debido a ello, los perros pueden verse afectados por la enfermedad de Lyme, la fiebre punteada de las Montañas Rocosas (que normalmente sólo se dan en los EE.UU.), la parálisis por garrapatas, y muchas otras enfermedades. Tanto las garrapatas como los ácaros pueden vivir allá donde se encuentren las pulgas, y les gusta esconderse en las grietas y ranuras de las paredes. Se controlan de la

Ilustración cortesía de Bayer Vital GmbH & Co. KG.

Tenga cuidado con la garrapata del ciervo

El gran mundo exterior puede ser divertido para su perro, pero también es el hogar de garrapatas peligrosas. Las garrapatas del ciervo son portadoras y transmisoras de una bacteria conocida con el nombre de *Borrelia burgdorferi* y tienen su máxima actividad durante el otoño y la primavera. Cuando se detecta pronto la infección, la penicilina y la tetraciclina son antibióticos efectivos, pero si se deja sin tratamiento, esta bacteria puede provocar problemas neurológicos, renales y cardiacos, además de problemas a largo plazo relacionados con la marcha y dolores articulares.

M.E.B. por el Dr. Andrew Spielman/Phototake.

Garrapata del ciervo, portadora y transmisora de la enfermedad de Lyme. Esta microfotografía aumentada de tamaño ha sido coloreada para conseguir un mayor efecto.

Página anterior: La garrapata del perro, *Dermacentor variabilis* es, probablemente, la garrapata que se encuentra más frecuentemente sobre los perros. Observe la robustez de sus ocho patas. No hay duda de por qué es tan difícil arrancarlas.

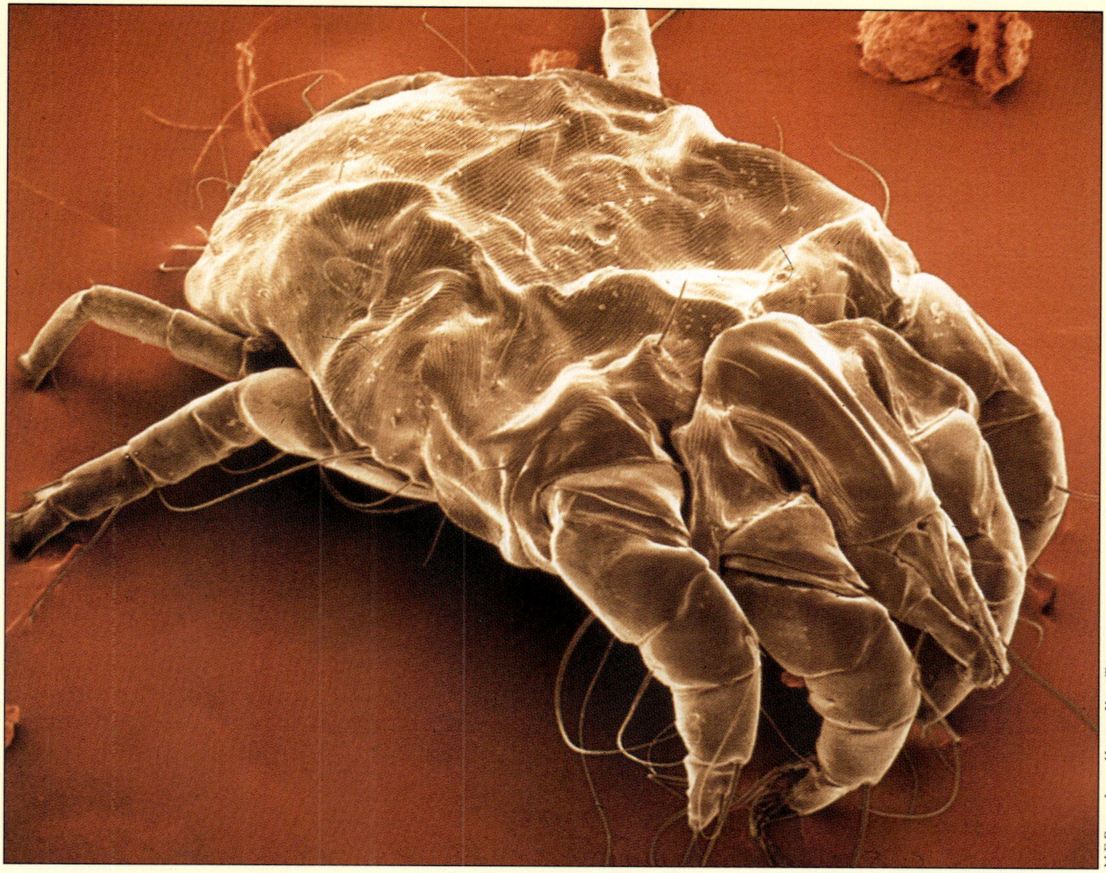

M.E.B. por James Hayden-Yoav/Phototake.

Superior: El ácaro de la sarna, *Psoroptes bovis.*

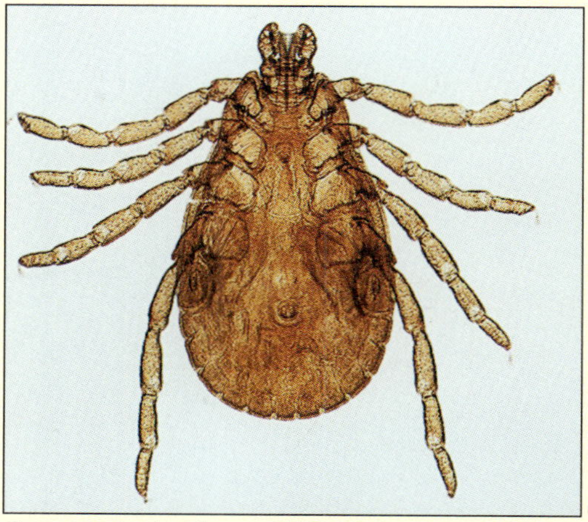

Fotografía de Carolina Biological Supply/Phototake.

Garrapata marrón del perro, *Rhipicephalus sanguineus,* es una garrapata poco común, que se encuentra en los perros.

Fotografía de Dwight R Kuhn.

Los piojos humanos se parecen a los del perro. Ambos están muy cercanamente emparentados.

misma manera en que se controla a las pulgas.

La garrapata *Dermacentor variabilis* puede que sea la más frecuente del perro en muchas áreas geográficas, especialmente en aquellas en las que el clima es cálido y húmedo.

La mayoría de las garrapatas del perro tienen una esperanza de vida de una semana a seis meses, dependiendo de las condiciones climáticas. No pueden ni saltar ni volar, pero sí arrastrarse lentamente y recorrer hasta cinco metros para llegar a un perro que esté durmiendo o que no sospeche nada.

Sarna

Los ácaros provocan una irritación cutánea llamada sarna. Algunos ácaros son contagiosos, como los del género *Cheyletiella*, los ácaros del oído, la sarna sarcóptica (roñosa o costrosa), la sarna psoriasiforme y la sarna provocada por las niguas. Los ácaros del oído suelen controlarse con el Lindane, que sólo puede ser administrado por un veterinario, al que seguirá un tratamiento con Tresaderm (tiabendazol, dexametasona y sulfato de neomicina) en casa.

Es esencial que su perro sea tratado contra la sarna lo más rápidamente posible, ya que algunas formas de ella se pueden transmitir a las personas.

PARÁSITOS INTERNOS

La mayoría de los animales (peces, pájaros y mamíferos, incluyendo a los perros y las personas) tienen gusanos y otros parásitos que viven en el interior de sus cuerpos. Según el Dr. Herbert R. Axelrod, patólogo de peces, existen dos tipos de parásitos: los tontos y los listos. Los listos viven en cooperación pacífica con sus hospedadores (simbiosis), mientras que los tontos matan a sus hospedadores. La mayoría de gusanos son relativamente fáciles de erradicar. Si no se destruyen, acabarán por debilitar al perro hospedador hasta el punto de que surgirán otros problemas médicos, pero no son parásitos tontos.

Ascárides

Los ascárides que afectan a los perros se conocen científicamente con el

DESPARASITACIÓN INTERNA

Es MUY IMPORTANTE librar a su cachorro de los parásitos internos, ya que algunos de ellos, como los anquilostomas, las tenias y los ascárides, pueden infestar a las personas.

Los criadores inician un programa hacia las cuatro semanas de edad. La rutina se repite cada dos o tres semanas hasta que el cachorro cumple los tres meses. El criador del cual obtuvo usted su mascota debería facilitarle este programa de desparasitación interna.

Su veterinario le puede señalar un programa de desparasitación interna y hacer un seguimiento del mismo por usted. El programa usual consiste en tratar al cachorro cada 15-20 días hasta que esté, con total certeza, libre de gusanos.

No se aconseja que trate usted a su cachorro con fármacos que no estén recomendados por un facultativo.

ASCÁRIDES

Los perros de talla media pueden defecar 1.360.000 huevos de ascárides cada día.

Si, por ejemplo, hubiera sólo un millón de perros en el mundo, éste estaría saturado con 1.300 toneladas de heces de perro.

Estas heces contendrían aproximadamente 15.000.000.000 de huevos de ascárides.

Del 7 al 31% de los jardines caseros y de los parques donde juegan los niños en los EE.UU. tenían huevos de ascárides.

Tirar las heces del perro por el retrete no es una práctica segura, ya que los tratamientos habituales de depuración de aguas no destruyen los huevos de los ascárides.

Los cachorros infestados empiezan a defecar huevos de ascárides a las 3 semanas de edad. Se pueden infestar a través de la leche de la madre.

nombre de *Toxocara canis*. Se hospedan en los intestinos y ponen huevos continuamente. Se ha estimado que un perro produce unos 150 gramos de heces cada día. Cada gramo de heces contiene una media de 10.000-12.000 huevos de ascárides. No se conoce ninguna zona donde vivan perros que esté libre de estos huevos. El mayor peligro es que también pueden infestar a las personas. Es una buena medida hacerle pruebas regulares a su perro para controlar la posible infestación.

Los cerdos también sufren infestaciones por ascárides que pueden transmitirse a los perros y a las personas. La especie parásita típica del cerdo se llama *Ascaris lumbricoides*.

ANQUILOSTOMAS

El gusano *Ancylostoma caninum* (en lenguaje común «anquilostoma del pe-

El ascáride *Rhabditis*. Los ascárides pueden infestar tanto a los perros como a las personas.

FOTOGRAFÍA DE CAROLINA BIOLOGICAL SUPPLY/PHOTOTAKE.

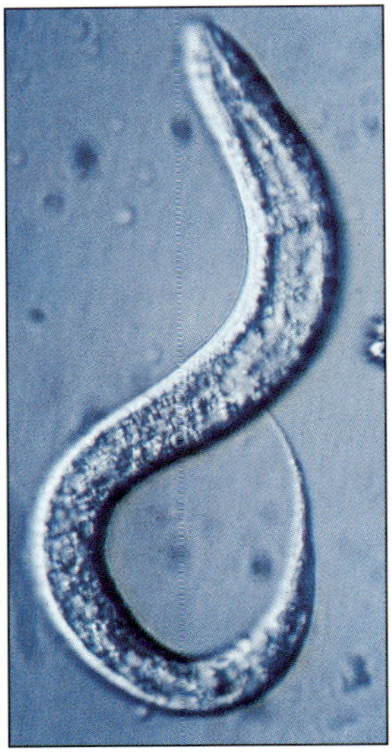

FOTOGRAFÍA DE C JAMES WEBB/PHOTOTAKE.

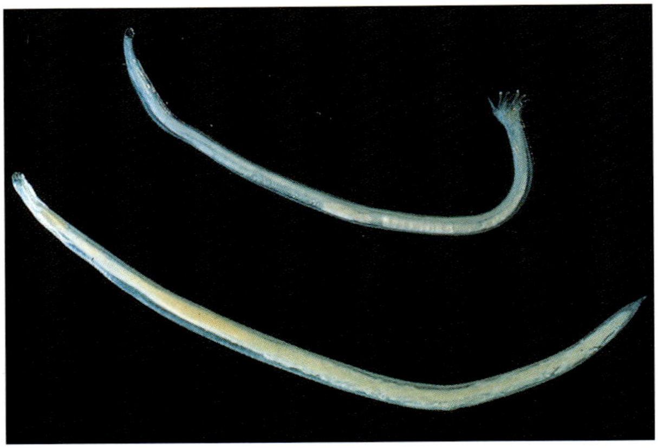

FOTOGRAFÍA DE DWIGHT R KUHN.

Anquilostomas *Ancylostoma caninum* macho y hembra, que son infrecuentes en los perros mascotas y en los de exposición. Los anquilostomas pueden infestar a otros perros que frecuenten las praderas.

La etapa infectiva de la larva del anquilostoma.

rro») es peligroso para las personas y los gatos. Tiene unos dientes gracias a los cuales se agarra a los intestinos del perro. Cambia de lugar donde está anclado unas seis veces al día, y el perro pierde sangre debido a cada desprendimiento, lo que puede provocar una anemia por deficiencia de hierro. Los anquilostomas son fáciles de purgar con muchos fármacos. La oxima de milbemicina, que también sirve como preventivo contra el gusano del corazón en el caso de los Collie, puede utilizarse con este objetivo.

TENIAS

Hay varias especies de tenias, muchas de las cuales son transmitidas por las pulgas. El perro se come a la pulga y con ello se inicia el ciclo de la tenia. Los humanos también pueden verse infestados por ellas. Son tan pequeñas que su perro se las podría pasar a sus manos, a su plato o a su comida y hacer posible, de esta manera, que usted se coma una pulga portadora de huevos.

Aunque una infestación por tenias no amenaza la vida de los perros (parásito listo), puede causar una enfermedad muy grave del hígado en las personas. Alrededor del 50 % de las personas afectadas por el *Echinococcus multilocularis,* que es un tipo de tenia que da lugar a los quistes hidatídicos alveolares, perece.

¿SABÍA USTED QUE...?

Nunca permita que su perro nade en aguas contaminadas o en zonas públicas en las que la calidad del agua sea sospechosa. Incluso el agua transparente puede albergar parásitos capaces de provocar enfermedades graves en los perros. Las zonas habitadas por aves acuáticas y por otros animales salvajes son especialmente peligrosas.

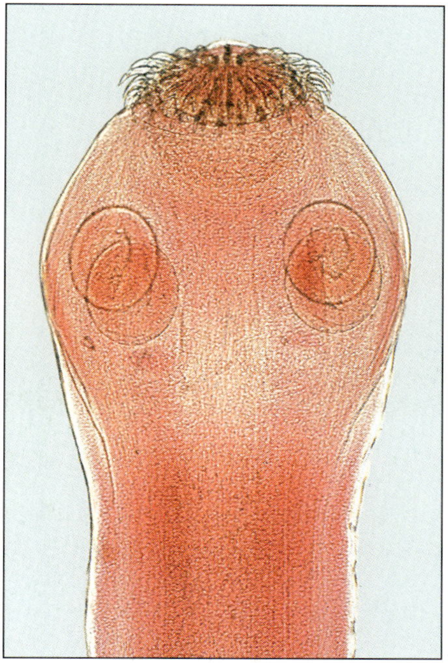

Cabeza y rostelo (la prominencia que está sobre el escólex) de una tenia que infesta a los perros y a las personas.

FOTOGRAFÍA DE CAROLINA BIOLOGICAL SUPPLY/PHOTOTAKE.

TENIAS

Las personas, las ratas, las ardillas, los zorros, los coyotes, los lobos, los perros cruzados y los perros de pura raza son susceptibles a la infestación por tenias. Excepto en el caso de los humanos, las tenias no son una infestación fatal.

Los individuos afectados pueden albergar mil gusanos parásitos.

Las tenias tienen sólo un sexo (macho y hembra en un mismo gusano, o lo que es lo mismo, son hermafroditas). Muchos otros gusanos también lo son.

Si los perros comen ratas o ratones infestados, se verán afectados por la enfermedad de las tenias.

Un mes después de adherirse al intestino, el gusano empezará a poner huevos. Estos huevos son infectivos de inmediato.

Los huevos infectivos pueden vivir durante algunos meses fuera de un animal hospedador.

Los ascárides, los tricocéfalos y los anquilostomas son tan sólo algunos otros de los gusanos más conocidos que pueden infestar a los perros.

GUSANOS DEL CORAZÓN (DIROFILARIOSIS)

Los gusanos del corazón son finos y alargados, de hasta 30 cm de longitud, y viven en el corazón y en los vasos sanguíneos más importantes próximos al corazón del perro. Los perros pueden albergar hasta 200 de estos gusanos. Los síntomas pueden ser apatía, pérdida del apetito, tos, un abdomen con aspecto barrigón y anemia.

Las filarias (gusanos del corazón) son transmitidas por mosquitos. El mosquito chupa la sangre de un perro infectado y al hacerlo absorbe larvas. Estas larvas, llamadas microfilarias, se desarrollan dentro del cuerpo del mosquito y son transmitidas al siguiente perro que sea picado después de que hayan madurado. A las larvas les lleva de dos a tres semanas desarrollarse, hasta alcanzar la etapa infectiva dentro del cuerpo del mosquito. Los perros deberían ser sometidos a un tratamiento a las seis semanas de edad y, se les debe administrar una dosis preventiva mensualmente.

Los análisis de sangre para detectar filarias no son siempre indicativos de la gravedad de la invasión. Es una enfermedad peligrosa que afecta a los perros de casi todo el mundo.

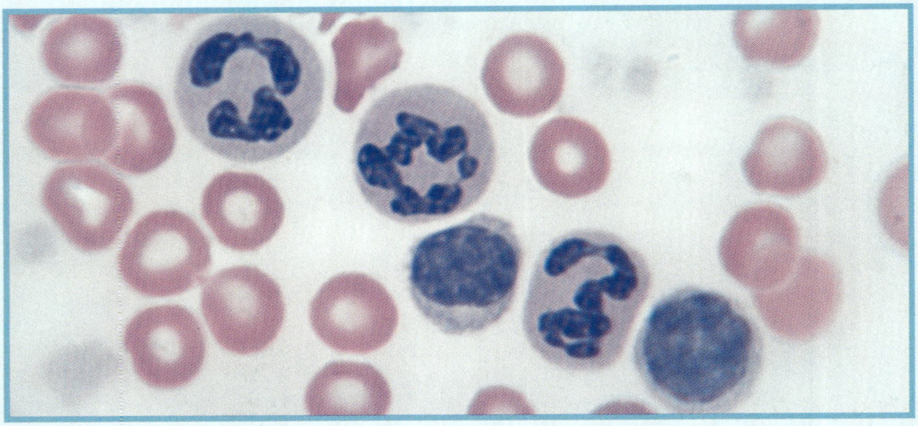

Larvas del gusano del corazón *Dirofilaria immitis* aumentadas de tamaño.

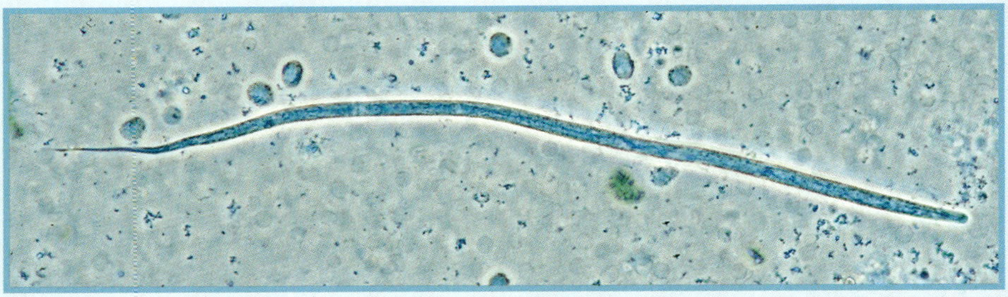

El gusano del corazón: *Dirofilaria immitis.*

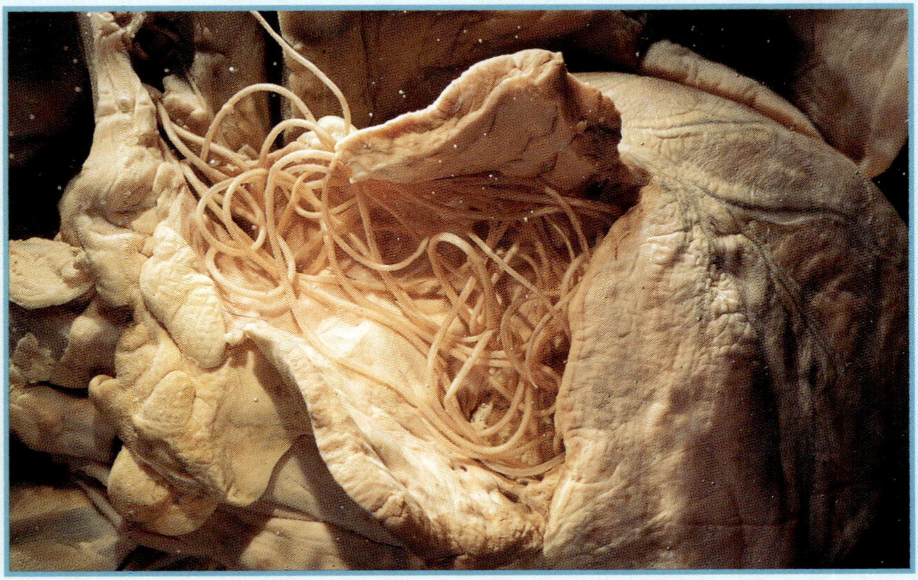

Corazón de un perro infestado por *Dirofilaria immitis.*

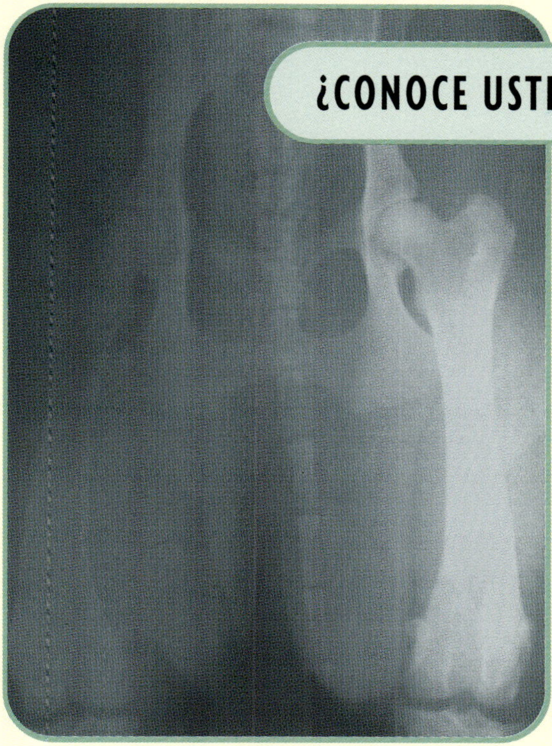

¿CONOCE USTED LA DISPLASIA DE CADERA?

La displasia de cadera es un problema bastante común en los perros de pura raza. Cuando un perro padece displasia de cadera, su extremidad posterior tiene una articulación mal formada. Con el uso constante de la articulación, ésta se vuelve más y más suelta, y puede volverse artrítica.

La displasia de cadera sólo puede ser confirmada mediante rayos X, pero algunos síntomas nos pueden dar alguna indicación del problema. Puede ser que su perro tenga este problema si camina de manera peculiar, si va dando saltos en lugar de correr de forma fluida, si usa sus extremidades posteriores al unísono (para evitar hacer demasiada presión sobre la articulación débil), si tiene problemas para levantarse tras haber estado echado de lado y si siempre se sienta con ambas extremidades posteriores juntas y a un lado del cuerpo.

A medida que el perro crece, puede que se adapte a vivir con una cadera defectuosa, pero al cabo de unos pocos años, se desarrollará una artritis y muchos perros con displasia de cadera quedan cojos.

La displasia de cadera está considerada como una enfermedad hereditaria y generalmente puede ser diagnosticada con total certeza cuando el perro tiene dos años de edad. Posiblemente una dieta especial ayudaría a que su cachorro haga crecer su cadera afectada, pero los tratamientos usuales son quirúrgicos. La extracción del músculo pectíneo, la eliminación de la cabeza del fémur, la reconstrucción de la pelvis y la sustitución de la cadera por una artificial son, todos ellos juntos, una intervención quirúrgica cara, pero por lo general bastante exitosas. Siga los consejos de su veterinario.

Rayos X de un perro con caderas «buenas».

Rayos X de un perro cuyas caderas tienen una displasia «moderada».

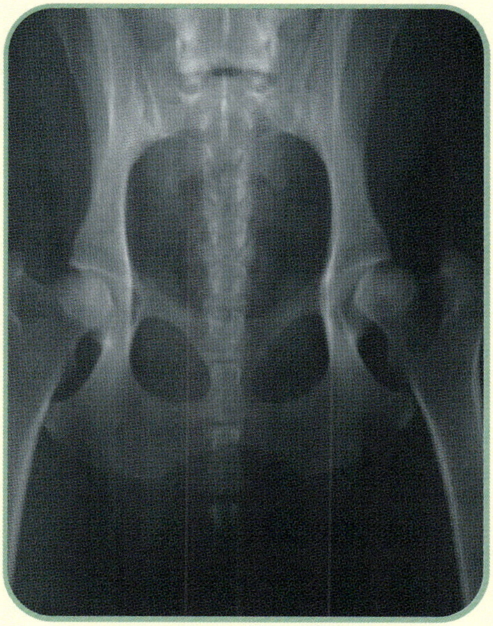

CUANDO ENVEJECE SU
BULLDOG

La palabra *anciano* es un término cualitativo. Para los perros, al igual que para sus amos, ser anciano es relativo. Desde luego, todos podemos distinguir entre un cachorro de Bulldog y un Bulldog adulto: ahí están los rasgos físicos obvios como el tamaño, el aspecto, las expresiones faciales y los rasgos de la personalidad. Los cachorros desagradables son algo muy raro. A los cachorros y a los perros jóvenes les encanta jugar con los niños. La exuberancia natural de los niños hace buena pareja con la energía aparentemente inagotable de los perros jóvenes. Les gusta correr, saltar, perseguir y buscar y recuperar cosas. Cuando envejecen y cesan sus interacciones con los niños, se piensa que son demasiado viejos para jugar con ellos.

Por otro lado, si un Bulldog sólo se relaciona con gente mayor, su vida será ya de por sí menos activa y no parecerá envejecer tan pronto cuando su nivel de actividad se vaya ralentizando.

Si la gente llega a vivir 100 años, los perros pueden llegar a vivir 20. Aunque ésta sea una regla empírica, es muy inexacta. Cuando se trata de comparar entre años de perro y años humanos no se puede generalizar. Se puede hacer la generalización de que 8-10 años es una buena media de vida para un Bulldog, aunque se sabe de algunos que han llegado a vivir hasta 15 años. A los perros se les suele considerar maduros antes de los tres años de vida, pero se pueden reproducir incluso antes. Así pues, los primeros tres años de la vida de un perro son, en comparación, como siete veces en años humanos. Eso quiere decir que un perro de 3 años es como una persona de 21. Tal y como nos muestra la curva, no hay una regla exacta para comparar los años humanos y los de los perros. La comparación se hace todavía más difícil, si se tiene en cuenta que no todas las personas envejecen igual de rápido... y que las mujeres viven más que los hombres.

EN QUÉ DEBEMOS FIJARNOS EN LOS PERROS MAYORES

La mayoría de los veterinarios y de

¿SABÍA USTED QUE...?

El punto fundamental es, sencillamente, que un perro se hace viejo cuando usted cree que se está haciendo viejo porque se enlentece en sus actividades generales, incluyendo pasear, correr, comer, saltar y buscar y recuperar cosas. Por otro lado, ciertas actividades aumentan: el perro duerme más, ladra más y hay una mayor repetición de hábitos tales como ir a la puerta sin que usted le haya llamado, cuando se pone usted la chaqueta para irse o para salir fuera de casa.

los etólogos usan el hito del séptimo año de vida como la edad a partir de la cual se considera que el perro es mayor. El término mayor no implica que el perro sea senil y que su mente y su cuerpo hayan empezado a fallar. El envejecimiento es, en esencia, un proceso de enlentecimiento. Las personas admiten sin reparos que notan diferencias en su nivel de actividad de los 20 a los 30 años, y luego de los 30 a los 40, etc. Tratando al perro de siete años como «mayor», los propietarios pueden aplicar ciertas estrategias preventivas con la ayuda de sus veterinarios. Un programa de cuidados para perros mayores debería incluir, como mínimo, dos visitas anuales al veterinario, chequeos para determinar su estado de salud, además de consejos acerca de la nutrición. Los veterinarios determinan el estado de salud del perro mediante la toma de muestras de sangre para realizar un recuento sanguíneo completo, un perfil de la bioquímica y de los electrólitos del suero sanguíneo, análisis de orina, control de la presión sanguínea, electrocardiograma, tonometría ocular (la presión del globo ocular) y la profilaxis dental.

Se aconseja un extenso programa como éste para los perros mayores, antes de que los propietarios empiecen a ver los signos físicos obvios del envejecimiento, como los movimientos más lentos y su inhibición, que los pelos se vayan volviendo grises, periodos de sueño/siesta más largos y desinterés por el juego y otras actividades. Este programa de medicina preventiva promete una vida más larga y sana para el perro que está envejeciendo. Entre los

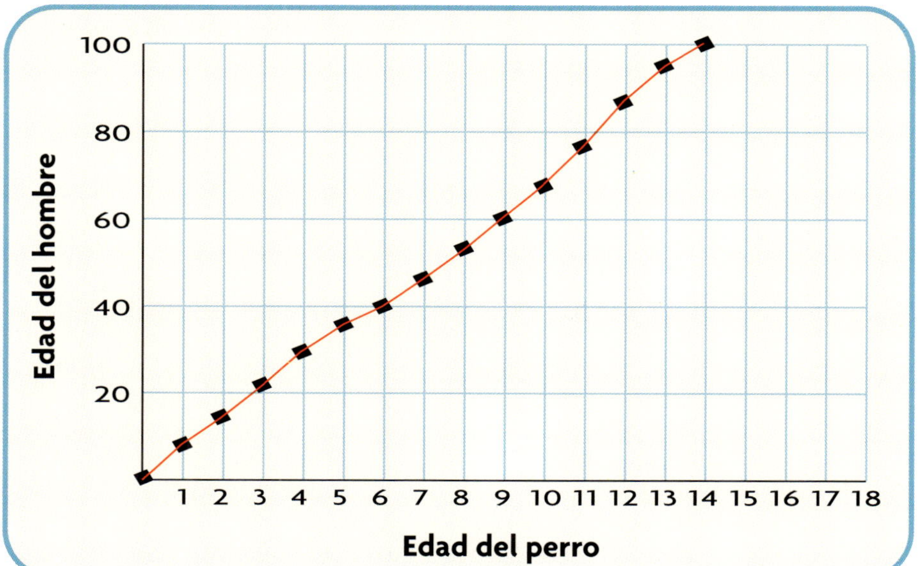

problemas de tipo físico comunes están la pérdida de vista y oído, la artritis, los fallos renales y hepáticos, la diabetes mellitus, las enfermedades cardiacas y la enfermedad o síndrome de Cushing (una enfermedad hormonal).

Además de las manifestaciones de tipo físico comentadas, hay algunos cambios en el comportamiento y problemas relacionados con los perros que envejecen. Los perros que pierden capacidad auditiva o visual, que les duelen los dientes o que tienen artritis, pueden volverse agresivos. Asimismo, el perro casi sordo y/o casi ciego puede asustarse con más facilidad y reaccionar de forma agresiva e inesperada. Los perros ya seniles pueden volverse más impacientes e irritables. El hecho de que el perro se haga sus necesidades fuera de lugar se asocia a la pérdida de movilidad, a los problemas renales y a la pérdida de control sobre los esfínteres, además de a la acumulación de placa dental, los cambios fisiológicos del cerebro y las reacciones a los fármacos. Los perros mayores, al igual que los cachorros jóvenes, padecen ansiedad por separación, lo que puede llevarles a ladrar excesivamente, a llorar, a orinar y defecar fuera de lugar y a tener un comportamiento destructivo. Los perros ancianos pueden volverse asustadizos con los ruidos cotidianos, como los de la aspiradora, los de los truenos y los del tráfico. Algunos tienen dificultades para dormir debido a la incomodidad, a que les hace falta ir a hacer sus necesidades con frecuencia y a otras cosas parecidas. Los propietarios no deberían deteriorarle aún más dándole demasiadas recompensas en forma de alimentos grasos. La obesidad es un problema común en los perros mayores y les quita años de vida. Mantenga al perro anciano tan esbelto co-

¿SABÍA USTED QUE...?

Un perro anciano empieza a mostrar uno o más de los siguientes síntomas:

- El pelo de su cara y de sus pies empieza a volverse gris. La pérdida de color empieza, generalmente, alrededor de los ojos y la boca.

- Los patrones de sueño son más profundos y más largos y es más difícil despertarle.
- Come menos.
- Deja de responder a las llamadas, a los silbidos y a otras señales.
- Los contactos oculares no provocan que mueva la cola (asumiendo que lo hiciera antes).

¿SABÍA USTED QUE...?

Los síntomas que se enumeran a continuación van apareciendo gradualmente y poco a poco se van haciendo más aparentes. No son amenazadores para la vida, pero de todas formas, estos síntomas deben ser tomados muy en serio, y una conversación con su veterinario está más que justificada:

- Su perro llora y se queja cuando se mueve y para de correr por completo.
- Las convulsiones empiezan o se vuelven más graves y frecuentes. La convulsión normal (espasmo) es aquella en la que el perro se queda rígido y empieza a temblar, sin ser capaz o sin querer moverse. Estas crisis generalmente duran de 5 a 30 minutos.
- Su perro bebe más agua y orina con mayor frecuencia. El perro se hace sus necesidades sin previo aviso.
- Los vómitos van siendo más y más frecuentes.

mo sea posible, ya que el peso excesivo supone un estrés adicional sobre los órganos vitales. Algunos criadores recomiendan suplementar la dieta con alimentos ricos en fibra y con pocas calorías. Mediante la adición de verduras frescas y de caldo de médula ósea a la dieta, se consigue un suplemento sabroso, con pocas calorías y poca grasa. Los veterinarios también ofrecen dietas para perros ancianos.

A medida que su perro se va acercando a sus últimos años de vida, necesita paciencia y buenos cuidados por parte de su propietario más que nunca. Jamás castigue a un perro mayor porque se haya ensuciado fuera de lugar o por un comportamiento anormal. Por todos los años de amor, protección y compañerismo que le ha proporcionado, merece atenciones especiales. El perro anciano posiblimente necesite hacer sus necesidades a las 3:00 h porque ya no se aguanta ocho horas. Los perros mayores quizás no sean capaces de estar en su jaula más de dos o tres horas seguidas. Quizás sea el momento de cederle un sofá o una silla. Aunque puede que no se muestre muy entusiasta con sus atenciones y caricias, apreciará las consideraciones que le ofrezca.

Su Bulldog no entiende por qué su mundo se va ralentizando. Los propietarios deben hacer que la transición hacia la ancianidad sea tan suave y gratificante como sea posible.

QUÉ HACER CUANDO LLEGUE EL MOMENTO

Usted no estará nunca perfectamente preparado para tomar la decisión racional de eutanasiar a su perro. Es obvio que quiere a su Bulldog, o no estaría leyendo este libro. Eutanasiar a un perro querido es extremadamente difícil. Es una decisión que debe ser tomada con su veterinario. Generalmente se verá usted forzado a esta decisión cuando uno de los síntomas amenazadores para la vida expuestos anteriormente sea lo suficientemente grave como para que deba buscar asistencia médica (veterinaria.)

Si el pronóstico del mal indica que la muerte está cerca y que su querida mascota sufrirá cada vez más y no experimentará ninguna satisfacción en el resto de su vida, entonces la opción correcta será la eutanasia.

¿Qué es la eutanasia?

Eutanasia es una palabra que procede del griego y significa «buena muerte». En otras palabras, significa la muerte programada e indolora de un perro que sufre una enfermedad o problema doloroso o incurable, o que es tan viejo que no puede caminar, ver, comer o controlar sus funciones excretoras.

La eutanasia se lleva a cabo, generalmente, mediante una inyección con una sobredosis de un anestésico o un barbitúrico. Aparte del picotazo de la aguja, la experiencia suele ser indolora.

La toma de la decisión

La decisión de eutanasiar a su perro nunca será fácil. Los días durante los cuales el perro enferma y se produce su muerte pueden ser increíblemente estresantes para usted. Si ésta es su primera experiencia con la muerte de un ser querido, quizás necesite reconfortarse de acuerdo con sus creencias religiosas. Si es usted el cabeza de familia y tiene hijos, debería haber hecho que éstos tomaran parte en la decisión. Generalmente se puede mantener a su perro administrándole fármacos, durante algunos días, para darle un margen suficientemente amplio para tomar una decisión. Durante este tiempo, el hablar con los miembros de la familia e incluso con gente que haya pasado por esa misma experiencia, puede aliviar el dolor de su inevitable decisión.

¿SABÍA USTED QUE...?

La eutanasia debe ser administrada por un veterinario. Puede que haya sociedades protectoras de animales en su ciudad o población. Ellos suelen ofrecer este servicio bajo recomendación de un veterinario.

El lugar del último descanso

Los perros pueden tener algunos de los mismos servicios que las personas. Pueden ser enterrados en un cementerio de mascotas (suele ser caro), o si han fallecido en casa pueden ser enterrados en su jardín, en un lugar adecuadamente marcado con una piedra o con un árbol o arbusto recién plantado. Como alternativa pueden ser incinerados, tras lo cual le serán entregadas sus cenizas. Algunas personas prefieren dejar a sus perros en la consulta del veterina-

Su querido Bulldog no comprende por qué su mundo se va ralentizando. Haga que la ancianidad de su perro sea tan cómoda y placentera como sea posible.

Muchos cementerios de mascotas disponen de lugares en los que conservar las cenizas de su mascota.

rio para que sea éste el que se ocupe de estos asuntos.

Todas estas opciones deberían ser discutidas con franqueza y abiertamente con su veterinario. No tenga miedo a hacer preguntas que estén relacionadas con los aspectos económicos. Las incineraciones pueden ser individuales, aunque una opción que resulta bastante más económica es la cremación en grupo aunque, por supuesto, las cenizas no le podrán ser devueltas. Los veterinarios pueden organizar servicios de incineración por usted.

Se pueden adquirir parcelas en los cementerios con espacio para más de una mascota.

¿Hacerse con otro perro?

La pena por perder a su perro durará tanto como aquella por perder a un amigo o a un pariente. En la mayoría de los casos, si su perro murió de viejo, había ralentizado su ritmo de vida considerablemente. ¿Quiere usted un nuevo cachorro de Bulldog para de esta forma reemplazarle? ¿O quizás haría mejor buscando uno más maduro que tuviese aproximadamente de dos a tres años de edad, que por lo general ya habrá recibido su educación básica y habrá desarrollado su personalidad? En tal caso, pueden averiguar si se gustan el uno al otro después de pasar unas pocas horas juntos.

La decisión es, desde luego, sólo suya. ¿Quiere usted otro Bulldog?, ¿o quizás quiere un perro de otra raza para evitar hacer comparaciones con su querido amigo? La mayoría de la gente suele hacerse con un perro de la misma raza porque ya han tenido la oportunidad de conocer (y amar) sus características. Además suelen conocer a personas que tienen un perro de la misma raza, y quizá sean tan afortunados que uno de sus amigos esté esperando una camada pronto: ¿qué más se podría pedir?

SDC
SÍNDROME DE DISFUNCIÓN COGNITIVA

«Síndrome del perro viejo»

SÍNTOMAS DEL SDC

Hay muchas formas de evaluar el síndrome del perro viejo. Los veterinarios han definido el SDC (síndrome de disfunción cognitiva) como el deterioro gradual de las capacidades cognitivas. Éstas se muestran en forma de cambios en el comportamiento del perro. Cuando hay cambios en sus respuestas rutinarias y se han eliminado las enfermedades como posible causa de estos cambios de conducta, entonces el SDC es el diagnóstico usual.

Más de la mitad de los perros de más de 8 años de edad sufren alguna forma de SDC. Cuanto mayor sea el perro, más posibilidades tiene de sufrirlo. En el caso de las personas, los doctores frecuentemente descartan los cambios de conducta del SDC como parte del proceso del envejecimiento y de la reducción de la actividad.

Hay cuatro signos principales del SDC: frecuentemente el perro orina y defeca sin avisar, duerme mucho más o mucho menos de lo normal, se comporta de manera confusa y no responde a los estímulos sociales.

SE HACE SUS NECESIDADES FUERA DE LUGAR FRECUENTEMENTE

- *Orina en cualquier lugar.*
- *Defeca en cualquier lugar.*
- *No da muestras de querer salir.*

PATRONES DE SUEÑO

- *Se mueve mucho más lentamente.*
- *Duerme más de lo normal durante el día.*
- *Duerme menos durante la noche.*

CONFUSIÓN

- *Se va fuera de casa y se queda ahí.*
- *Se le ve confuso y con la mirada perdida.*
- *Se esconde más frecuentemente.*
- *No reconoce a los amigos.*
- *No acude cuando se le llama.*
- *Camina con indiferencia y sin objetivo.*

NO RESPONDE A LOS ESTÍMULOS SOCIALES

- *Va a la gente con menos frecuencia, tanto si se le llama como si no.*
- *Sólo tolera que le acaricien unos momentos.*
- *No viene hacia la puerta cuando vuelve usted del trabajo.*

PRESENTACIÓN EN EXPOSICIONES DE SU BULLDOG

Cuando usted adquirió a su Bulldog, debió exponerle al criador si lo quería sencillamente como una querida mascota y compañero, o si deseaba comprar un Bulldog con la vista puesta en las exposiciones caninas. Ningún criador responsable le vendería un cachorro joven diciéndole que sería, con toda seguridad, de suficiente calidad para la exposición, ya que pueden suceder muchas cosas durante las primeras semanas y meses del desarrollo de un cachorro. Si se propone usted exponer al animal que ha adquirido, es de esperar que sea un animal idóneo para ello.

Para el neófito, la exhibición de un Bulldog en el ring puede parecer fácil, pero suele conllevar mucha dedicación y trabajo duro ganar en una exposición tan prestigiosa como la exposición canina de belleza Crufts, por no decir que también hace falta un poco de suerte.

Lo primero que el principiante aprende cuando observa una exposición canina de belleza es que cada raza compite primero contra los miembros de su propia raza. Una vez el juez ha seleccionado al mejor ejemplar de cada raza (y suponiendo que la exposición sea juzgada de acuerdo con un sistema de grupos), ese perro competirá con otros perros que hayan sido los mejores de su raza de su mismo grupo. Finalmente, el Mejor de cada Grupo competirá para ser el Mejor de la Exposición (Best in Show) y el Segundo Mejor de la Exposición (Reserve Best in Show.)

Lo segundo que debe usted entender es que, de hecho, los perros no compiten

GANAR EL CAMPEONATO

Ganar un campeonato en las exposiciones del Kennel Club es lo más difícil del mundo. Comparado con los Estados Uni-

dos y Canadá, donde no supone, relativamente, un «desafío» ganarse los tres billetes verdes, no sólo se necesita mucho tiempo y esfuerzos, sino que puede resultar muy caro. Los Certificados de Desafío (Challenge Certificates), que es el nombre correcto de los billetes, son la base de los campeones: buena cría, buen manejo, buen adiestramiento y buena suerte.

entre sí. El juez compara cada perro con su estándar, o sea, con la descripción escrita del ejemplar ideal de esa raza. Aunque algunos antiguos estándares se basaron, verdaderamente, en ciertos perros concretos que fueron famosos o populares, muchos entusiastas muy dedicados dicen que el ejemplar perfecto, tal y como está descrito en el estándar, nunca ha pisado ningún ring de exposición, nunca ha sido criado, y para aflicción de los criadores de perros de todo el mundo, no existe. Los criadores tratan de acercarse todo lo posible a este ideal con cada camada, pero, teóricamente, el perro «perfecto» es tan escurridizo que es imposible (y si existiera, los criadores y los jueces nunca se pondrían de acuerdo en que fuera de verdad «perfecto»).

Si está usted interesado en conocer las exposiciones caninas, lo mejor será inscribirse en una asociación canina. Estas sociedades suelen organizar tanto Exposiciones de Campeonato como Concursos no Puntuables, y a veces Competiciones y Eventos Especiales y todos ellos podrían ser de interés, incluso aunque sea usted únicamente un espectador. También envían hojas informativas, y algunos ofrecen sesiones de adiestramiento y reuniones informativas, para que la gente pueda aprender más cosas acerca de la raza que ha escogido. Las sociedades caninas regulan el mundo del perro de pura raza. Un ejemplo, en Inglaterra, el Kennel Club no sólo se ocupa de las exposiciones de belleza, sino también de las pruebas de trabajo, de obediencia, de Agility y de campo. El Kennel Club proporciona los reglamentos y normas para todos estos certámenes, además de la inscripción de los perros en su libro de orígenes genealógico y otras necesidades básicas relacionadas con la propiedad de un perro. Su exposición anual, que se llama Crufts Dog Show (Exposición Canina de Belleza Crufts), se celebra en Birmingham y es la mayor exposición con boxes de Inglaterra. Cada año, más de 26.000 de los

El juez examina cuidadosamente a estos Bulldog. Cada presentador es el responsable de tener a su perro bajo control durante la valoración por parte del juez.

El orgullo de ser el propietario proporciona una gran alegría a los dueños cuando sus perros participan en sus primeros certámenes caninos.

mejores perros del Reino Unido se califican en exposiciones menores para participar en esta maravillosa exposición, que dura cuatro días.

El Kennel Club regula muchos tipos diferentes de exposiciones. En las más competitivas y prestigiosas (las Exposiciones de Campeonato), un perro puede obtener Certificados de Desafío (Challenge Certificates o CCs), y debido a ello puede convertirse en Campeón de Belleza (Show Champion o Sh. Ch). o en Campeón (Champion o Ch). Un perro debe ganar tres Certificados de Desafío bajo tres jueces diferentes para ganarse el prefijo «Sh. Ch.» o «Ch.». Nótese que algunas razas deben también clasificarse en una prueba de campo para poder ganar el título de campeón completo (full champion). Los Certificados de Desafío son entregados a un muy pequeño porcentaje de los perros que compiten, y más teniendo en cuenta que los perros que ya son Campeones compiten con el resto para conseguir estos apreciadísimos CCs. El número de Certificados de Desafío que se otorgan en un año cualquiera se basa en el número total de perros de cada raza que se han inscrito para competir. Hay tres tipos de Exposiciones de Campeonato: una Exposición General de Campeonato, donde todas las razas reconocidas por el Kennel Club (las sociedades caninas nacionales en su caso) pueden participar; la Exposición de Grupo de Campeonato, limitada a las razas pertenecientes a uno de los grupos, y la Exposición Monográfica, que está generalmente limitada a una raza. El Kennel Club determina qué razas y en qué Exposiciones de Campeonato tendrán la oportunidad de obtener Certificados de Desafío (o «billetes»). Los expositores serios optarán frecuentemente por no participar si no se otorgan esos «billetes». Esta política

ETIQUETA EN EL RING DE EXPOSICIÓN

Al igual que para casi todo, existe una cierta etiqueta en el ring de exposición que sólo puede aprenderse a través de

la experiencia. Presentar a su perro puede ser bastante amedrentador para usted si es un principiante y le parece que todos los demás saben muy bien lo que están haciendo. Pero puede familiarizarse de antemano con los pasos que se dan en el ring tomando unas clases para prepararles a usted y a su perro para las exposiciones de belleza o hablando con un presentador experimentado. Cuando se halle en el ring, escuche y preste atención al juez y siga sus indicaciones. Recuerde que incluso los presentadores más habilidosos empezaron siendo unos novatos. ¡Continúe y pronto será todo un presentador profesional!

hace que obtener el título de campeón sea todavía más difícil.

Los Concursos no Puntuables suelen ser menos competitivos y son frecuentemente utilizados como «exposiciones para practicar» para los perros jóvenes. Se celebran centenares de Concursos no Puntuables cada año, pueden ser actos invitadoramente sociales y suponen una gran primera experiencia en los certámenes de belleza para los principiantes. Si está usted sólo pensando en ver una exposición para entretenerse, entonces un Concurso no Puntuable será una excelente oportunidad.

Aunque es de la máxima importancia que el principiante conozca las Exposiciones no Puntuables y las de Campeonato, hay otras en las cuales el propietario de un perro puede participar. Los clubs privados de adiestramiento patrocinan Competiciones (Matches), en las que uno se puede inscribir el mismo día de la exposición, por una tasa nominal. En estas exhibiciones de nivel introductorio, se toman los nombres de dos perros de un saquito o bombo y se les empareja. El ganador de ese enfrentamiento pasa a la siguiente ronda y, al final, queda un vencedor.

Los Desfiles Caninos (Exemption Shows) son menos competitivos, y nos podemos inscribir también el mismo día. La recaudación de un Desfile suele ser donada a la beneficencia y a veces se

La exhibición de Bulldog puede ser un evento internacional muy emocionante. Éste es un Bulldog criado en Italia ganador del premio al Mejor de la Exposición en un certamen canino de belleza bajo las normas de la FCI celebrado en Eslovenia.

LAS CATEGORÍAS EN LAS EXPOSICIONES CANINAS

En EE.UU. e Inglaterra puede haber hasta 18 categorías o clases por sexo y raza. Compruebe el programa de la exposición cuidadosamente para asegurarse de que ha inscrito a su perro en la categoría apropiada. De entre las categorías presentes podemos encontar: Cachorro Menor (de 6 a 9 meses de edad), Cachorro (de 6 a 12 meses de edad), Junior (de 6 a 18 meses de edad), Principiantes (presentador o perro que nunca hayan ganado una primera posición), además de las siguientes, definidas en el programa: Doncella, Novato, Tiro, Debutante, Subgraduado, Graduado, Postgraduado, Límite Menor, Límite Intermedio, Límite, Abierto, Veterano, Semental, Perra de Cría, Progenie (o lote de cría), Pareja y Equipo.

celebran junto a pequeñas exposiciones agrícolas. Las Exposiciones Limitadas (Limited Shows) también están a su alcance, aunque se celebran pocas, y la participación está restringida a los miembros de la entidad que las organiza, aunque uno puede inscribirse en la misma al inscribirse para participar en la exposición.

Antes de entrar en el ring, sería prudente que se sentara y observara la actuación del juez. Si es la primera vez que compite, no se ponga nervioso y no se precipite. Es mucho mejor quedarse atrás y estudiar cómo lo está haciendo el presentador que le precede. El juez pide a cada presentador que haga que el perro pose quieto al lado (que «plante» al perro), y es de esperar que se haga gala del perro para ganar puntos. El juez observará al perro desde una cierta distancia y desde diferentes ángulos, se acercará a él, examinará sus dientes, su estructura general, su viveza, su tono muscular, además de considerar hasta qué punto se ajusta al estándar. Más importante todavía es que el juez hará que el presentador mueva al perro por el ring según un patrón que él o ella deberán especificar (ésta es otra ventaja para no precipitarse y escuchar, ya que algunos jueces cambian sus indicaciones, y siempre tienen la razón). Finalmente, echará un último vistazo al perro antes de pasar al siguiente presentador.

Si usted no se encuentra entre los tres primeros clasificados en su clase en su primera exposición, no se desanime. Tenga paciencia y sea constante y quizás, al final se encuentre usted entre los ganadores. Recuerde que éstos se encontraron en sus inicios en su misma situación y que han dedicado mucho tiempo y dinero para ganarse el premio. Si se encuentra usted con que su perro pierde siempre y con que nunca consigue ganar, quizá sea el momento de pensar en una muestra canina diferente o, sencillamente, de disfrutar de su Bulldog como mascota.

El juez evaluará cada perro individualmente, lo que supone un examen, mediante palpación, de la boca, la cabeza, el cuerpo y, en el caso de los machos, los testículos.

FÉDÉRATION CYNOLOGIQUE INTERNATIONALE

Fundada en 1911, la Fédération Cynologique Internationale (FCI) pretende representar el «club canino mundial». Este organismo querría aportar uniformidad a la cría, a la valoración y a la exposición de los perros de pura raza. Aunque la FCI incluía en sus orígenes sólo a cuatro sociedades caninas europeas: Francia, Holanda, Austria y Bélgica (en la última de las cuales sigue teniendo su sede general), la organización incluye en la actualidad a entidades cinófilas de todo el mundo y reconoce a más de 440 razas de perros. Hay tres títulos que se pueden conseguir a través de la FCI: el de Cam-

CÓMO INSCRIBIRSE...

1. Hágase con un formulario para la inscripción y con un programa de la exposición a través del Secretario de la organización.
2. Seleccione las categorías (Clases) en las que quiere participar y rellene el formulario. Abone la tasa de inscripción.
3. Ponga a su perro a su nombre en el registro de su libro de orígenes. (Asegúrese de haber hecho esto antes de inscribirse.)
4. Averigüe con cuánta antelación deben hacerse las inscripciones para la exposición. Muchas veces se han de hacer más de dos meses antes de la misma.

peón Internacional (International Champion), que es el más prestigioso; el de Campeón Internacional de Belleza (International Beauty Champion), basado en certificados de aptitud obtenidos en diferentes países, y el de Campeón Internacional de Trabajo (International Trial Champion), que se basa en el triunfo en pruebas de obediencia en diferentes países. Las leyes de cuarentena de Inglaterra y Australia son prohibitivas para que la mayoría de los exhibidores extranjeros puedan participar en las exposiciones de la FCI que se celebran en estos países. Perros de todo el mundo participan en estos espectáculos caninos, el más importante de los cuales es la Exposición Canina Mundial (World Dog Show), que se celebra en un país distinto cada año. La FCI patrocina las exposiciones internacionales otorgando el C.A.C.I.B y cobrando una tasa por ello a la sociedad organizadora. El país anfitrión determina el sistema de valoración siguiendo las normas de las FCI y los estándares raciales se basan, en principio, en los del país de origen de cada raza.

¿SABÍA USTED QUE...?

El Kennel Club divide a sus perros en siete Grupos: Perros de caza, de Utilidad, de Trabajo, Toy (miniatura), Terrier, Sabuesos y Pastores.*

** El Grupo Pastores, creado en 1999, incluye a aquellos perros de pastor (ovejeros) que estaban anteriormente clasificados en el Grupo de Trabajo.*

¿SABÍA USTED QUE...?

Puede usted obtener información acerca de las exposiciones caninas en las sociedades caninas:

Fédération Cynologique Internationale
14, rue Léopold II, B-6530 Thuin, Bélgica.
www.fci.be

The Kennel Club
1-5 Clarges St., Piccadilly, Londres W1Y 8AB, Reino Unido. www.the-kennel-club.org.uk

Real Sociedad Canina de Cataluña
Pi i Margall, 7 bajos. 08024 Barcelona.
Tel./Fax: 93 285 11 28

R.S.C.F.R.C.E.
Los Madrazo, 20-26. 28014 Madrid.
Tel./Fax: 91 426 49 60

Federación Canina de Madrid
Carretas, 14. 28012 Madrid.
Tel./Fax: 91 532 50 91

COMPORTAMIENTO DE SU

BULLDOG

Como propietario de un Bulldog ha seleccionado a su perro para que usted y sus seres queridos puedan tener un compañero, un protector, un amigo y un miembro de cuatro patas en la familia. Usted invierte tiempo, dinero y sus esfuerzos en cuidar y adiestrar a este nuevo familiar a su cargo. Desde luego que este perro que ha escogido se comporta perfectamente. Bien..., perfectamente como un perro.

¿SABÍA USTED QUE...?

Su perro heredó la mentalidad de líder de la manada. Tiene instintos de dominancia. Quiere, por instinto, ser el perro líder, pero hay que convencerle de que el jefe es usted. No se puede vivir democráticamente con su perro. Usted es el que debe establecer las normas.

PIENSE COMO SI FUERA USTED UN PERRO

Los perros no piensan como las personas, ni los humanos podemos pensar como los perros, aunque lo intentemos. Desgraciadamente, un perro es incapaz de imaginarse cómo pensamos las personas, así que el esfuerzo para adoptar una mentalidad canina recae sobre el propietario. Los perros no pueden razonar y, a pesar de ello, han sobrevivido hasta hoy. Muchos propietarios cometen el error, al adiestrar a sus perros, de pensar que pueden regañarle por algo que hizo hace un rato. Básicamente, ni siquiera puede regañarle por algo que haya hecho 20 segundos antes. Cójale con las manos en la masa u olvídese. Es una pérdida de tiempo para usted y para él. Dentro de su mente, le está usted regañando por lo que esté haciendo en ese preciso momento.

Los siguientes problemas de comportamiento son algunos de aquellos con los que se encuentran los propietarios más frecuentemente. Cada perro es

único y cada situación es también única. Nadie podría solucionar los problemas de su Bulldog simplemente leyendo un libro. Aquí sólo apuntamos algunos aspectos básicos: charlamos acerca de perros para que así las posibilidades de los propietarios de solucionar los problemas del comportamiento canino aumenten. Hable acerca de los malos hábitos con su veterinario/a y él/ella le podrá recomendar a un especialista en comportamiento (etólogo) para que le consulte cuando lo necesite. Como las anormalidades del comportamiento son la principal razón por la que los propietarios abandonan a sus mascotas, esperamos que haga usted un valiente esfuerzo para solucionar el problema de su Bulldog. La paciencia y la comprensión son virtudes que deben residir en todo hogar donde se quiera a los animales.

AGRESIVIDAD

Éste es el problema que preocupa más a los propietarios de un Bulldog. La agresividad puede suponer un gran problema en el caso de los perros, aunque lo es más en una raza que ha tenido un origen como perro de pelea. La agresividad, cuando no está controlada, siempre resulta peligrosa. Un perro agresivo, sin importar su tamaño, puede embestir, intentar morder, morder e incluso atacar a una persona o a otro perro. El comportamiento agresivo no debe tolerarse. Es más que una mera conducta inapropiada: es peligrosa. Es doloroso para una familia ver cómo su perro adopta un comportamiento cada vez más imprevisible, hasta el punto de sentir miedo de él. Aunque no todas las conductas agresivas son peligrosas, los gruñidos, enseñar los dientes, etc., pueden infundir temor: es importante dilucidar por qué actúa de esta manera. La agresividad es una muestra de dominancia, y el perro no debería tener el papel dominante en su manada, que en este caso es su familia.

Es importante no retar a un perro agresivo, ya que esto podría provocar

¿SABÍA USTED QUE...?

Los perros a los que se deja solos durante un cierto periodo de tiempo quizá reaccionen violentamente cuando esté usted de vuelta. A veces corren, saltan, muerden,

mordisquean, rompen cosas, se orinan, engullen su comida, o se comportan de una manera muy indisciplinada. Deje que se calmen antes de saludarles o de lo contrario considerarán que su atención constituye una recompensa a sus bufonadas.

¿SABÍA USTED QUE...?

Todos queremos a nuestros perros y ellos nos quieren a nosotros. Nos muestran el amor y el afecto que nos tienen lamiéndonos. Ésta no es una práctica muy higiénica,

ya que los perros lamen y olfatean lugares desagradables. Besar a su perro en la boca está estrictamente prohibido, ya que pueden tansmitirnos los parásitos.

que le atacara. Observe el lenguaje corporal de su Bulldog. ¿Establece contacto ocular directo y sostiene la mirada? ¿Intenta parecer lo más grande posible: orejas tiesas, pecho hacia fuera, cola erguida, cuello arqueado? La altura y el tamaño significan autoridad dentro de la manada canina: ser más alto o estar por encima de otro perro significa, literalmente, que ese perro está por encima en el estatus social. Estas señales corporales indican que su Bulldog piensa que es él quien está al mando, lo cual es un problema que necesita ser resuelto. Un perro agresivo es imprevisible, ya que nadie sabe cuándo va a atacar y qué es lo que va a hacer. Usted no puede entender por qué un perro que se comporta de forma juguetona y cariñosa en un determinado momento, está gruñendo y mordiendo al minuto siguiente.

La mejor solución es consultar con un etólogo que tenga experiencia con el Bulldog, si es posible. Juntos quizás puedan averiguar la causa de la agresividad de su perro y hacer algo al respecto. No se puede uno fiar de un perro agresivo, y un perro en el que no se puede confiar, no es seguro tenerlo como mascota familiar. Si, aun siendo algo infrecuente, se encuentra con que su mascota se torna no merecedora de confianza y cree usted necesario encontrarle un nuevo alojamiento con una familia y un entorno más adecuados, explique detalladamente a los nuevos propietarios todas sus razones para buscarle un nuevo hogar al perro, para así ser justo con todas las partes implicadas. En el peor de los casos debería usted pensar en eutanasiarlo.

AGRESIVIDAD HACIA OTROS PERROS

La conducta agresiva de un perro hacia otro tiene su raíz, a veces, en su insuficiente relación con otros perros a una edad temprana. En el caso de los Bulldog, es esencial la sociabilización temprana con otros perros. Los Bulldog no son agresivos, por naturaleza, con los demás perros: han sido criados a partir de perros de pelea para acabar siendo

excelentes y cariñosos perros caseros. Es responsabilidad del criador y del propietario cortar y redirigir cualquier signo de agresividad para que el Bulldog se convierta en un respetable miembro de la sociedad canina. Si los otros perros hacen que su Bulldog se ponga nervioso, él arremeterá contra ellos a modo de mecanismo defensivo, aunque este comportamiento es, afortunadamente, infrecuente en esta raza. Un perro que no se haya relacionado suficientemente con otros tiende a creer que él es el único perro del mundo. El animal se vuelve tan dominante que ni siquiera muestra signos de estar asustado o de sentirse amenazado. Sin gruñir y sin dar ninguna otra señal física a modo de aviso, tratará de morder, embestirá y morderá al otro perro. Una forma de corregir esto es dejar que su Bulldog se acerque al otro perro mientras pasea sujeto por su correa. Vigile con atención y al primer síntoma de agresividad, corríjale y aléjele de allá. Regáñele ante cualquier signo de incomodidad y elógiele cuando ignore o tolere la presencia de otros perros. Continúe así hasta que desaparezca su conducta agresiva, aprenda a ignorar a los otros perros o incluso les acepte. Elógiele siempre por su comportamiento correcto.

Agresividad por dominancia

En una manada salvaje se establece una jerarquía social firme. El perro quiere dominar a aquellos que están por debajo de él y complacer a aquellos que están por encima. Los perros saben que debe haber un líder. Si no es usted la elección obvia para ser el jefe, será el perro quien asumirá el mando. Estos deseos innatos y conflictivos son precisamente a lo que se opone un propietario cuando decide adiestrar al perro. Al adiestrarle para que obedezca órdenes, el propietario está reforzando que él es el jefe de la manada y que el perro debe servir a su superior y debe desearlo. De esta forma, el propietario está suprimiendo las ansias de dominancia que tiene el perro mediante la modificación de su comportamiento y haciendo que sea obediente.

Una parte importante del adiestramiento es aprovechar toda oportunidad

¿SABÍA USTED QUE...?

Los hombres y los perros quizá sean los únicos animales que ríen. Ellos imitan la sonrisa que ven en los labios de su propietario cuando se saludan el uno al otro.

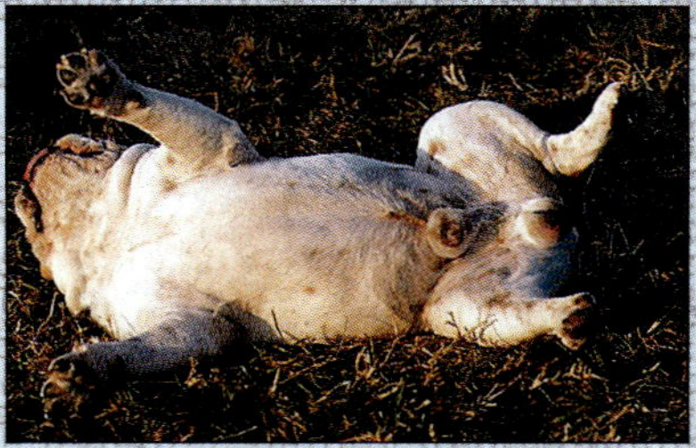

El perro sólo sonríe a sus amigos humanos. Nunca sonreirá a otro perro o gato. Generalmente alza sus labios y muestra sus dientes apretados a través de su boca mientras se tumba de espaldas rogándole que le rasque suavemente.

para reforzar que es usted el líder. El simple hecho de hacer que su Bulldog se siente y espere para recibir su comida, le dice que usted es el que controla cuándo come y que él depende de usted para conseguir su alimento. Aunque pueda resultar difícil, no ceda a los deseos de su perro cada vez que gimotee o le mire con ojos lastimeros. Es un esfuerzo constante el enseñarle al perro que su lugar en la manada está en el extremo inferior. No queremos que esto suene a cruel o inhumano. Usted quiere a su Bulldog y debería tratarle con cariño y afecto. Usted (ojalá) no se hizo con un perro para poder mandar sobre otro ser. Adiestrar a un perro no consiste en ser cruel o sentirse importante, sino en moldear el comportamiento del perro hacia lo que consideramos aceptable y enseñarle a vivir bajo las reglas de usted. En teoría es bastante sencillo: cójale cuando tenga una conducta apropiada y prémiele por ello. Si añade un perro a la ecuación la cosa se complica, pero como regla empírica, el refuerzo positivo es lo que funciona mejor.

Con un perro dominante, el castigo y el refuerzo negativo pueden tener un efecto contrario al que usted buscaba. Puede hacer que un perro tenga miedo y/o que actúe de forma agresiva si cree que está siendo retado. Recuerde que un perro dominante cree estar en lo más alto de la escala social, y que luchará por defender este estatus tal y como él lo percibe. La mejor manera de prevenirlo es, en primer lugar, no darle nunca razones para pensar que él tiene un rango. Si se encuentra usted con problemas mientras está adiestrando a su Bulldog y parece como si él estuviera poniendo en duda su autoridad constantemente, busque la ayuda de un adiestrador de obediencia o de un etólogo. Un profesional trabajará tanto con usted como con su perro para enseñarle técnicas efectivas que podrá usar en casa. Tenga cuidado con los adiestradores que se basan en métodos demasiado severos. Es necesaria una regañina de vez en cuando, pero el objetivo de su adiestramiento debería ser siempre el refuerzo positivo.

Si puede usted identificar qué es lo que desencadena esa reacción de miedo, podrá ayudar al perro a superarla. Supervise las interacciones de su Bulldog con la gente y con otros perros, y elógiele cuando todo vaya bien. Si empieza a actuar de manera agresiva ante una cierta situación, corríjale y apártele de ella. No permita a la gente que se acerque al perro y que empiecen a acariciarle sin su expreso consentimiento. De esta forma puede usted hacer que el perro tenga que sentarse para que le acaricien y elogiarle cuando se comporte correctamente. Se está usted centrando en los elogios y en la modificación de su conducta recompensándole cuando se comporte de manera adecuada. Siendo amable y supervisando sus interacciones, le está enseñando que no hace falta que tenga miedo o que esté a la defensiva.

CONDUCTA SEXUAL

Los perros muestran ciertas conductas sexuales que pueden haber influido en su elección de un macho o una hem-

bra cuando se decidió a comprar su Bulldog. Hasta cierto punto, la castración o la esterilización eliminará estas conductas, pero si va a comprar un perro con la idea de hacerle criar, debería tener presente aquello con lo que tendrá que cargar a lo largo de toda la vida del animal.

Las hembras suelen tener dos celos al año, y cada celo dura unas tres semanas. Éstos son los únicos periodos en que una perra se apareará, y generalmente no permitirá que la monten hasta la segunda semana, aunque esto varía de una hembra a otra. Si una hembra no queda preñada, puede que experimente una falsa gestación, durante la cual sus mamas se hinchan y exhibe tendencias maternales hacia juguetes u otros objetos.

Los propietarios deben saber, además, que la monta no es meramente una expresión sexual, sino también de dominancia. Sea constante y persistente y comprobará que puede usted eliminar las montas.

MORDER

El pasatiempo canino favorito es morder. A todo perro le encanta clavar sus colmillos en un sabroso hueso, ¡pero a veces ese hueso va unido a la mano de su dueño! Los perros necesitan morder, masajear sus encías, hacer que sus nuevos dientes se sientan mejor y ejercitar sus mandíbulas. Éste es un comportamiento normal, profundamente fijado en todo el mundo canino. Nuestro papel como propietarios no consiste en eliminar esta conducta, sino en redirigirla hacia cosas positivas y que valga la pena que el perro muerda. Conviértase en un propietario informado y hágase con juguetes apropiados, como por ejemplo huesos de nylon resistentes que no se astillen. Asegúrese de que los objetos sean seguros y duraderos, ya que está en riesgo la seguridad de su perro. De nuevo, es el propietario el responsable de asegurar un ambiente a prueba de perros. La mejor respuesta es la prevención, esto es,

Si proporciona a su Bulldog objetos para morder resistentes y seguros, evitaremos que sea él el que escoja sus propios «juguetes para morder». Vigile siempre el estado de los juguetes de su perro y sustitúyalos cuando estén desgastados.

coloque sus zapatos, bolsos y otros objetos «sabrosos» en los lugares que les corresponden (fuera del alcance de la boca en crecimiento del perro). Dirija a los cachorros hacia sus juguetes en cualquier momento en que les vea probando las patas de los muebles o las perneras de sus pantalones. Haga un fuerte ruido para atraer su atención y escóltele inmediatamente hacia su juguete para morder y haga que esté ocupado con él durante, por lo menos, cuatro minutos, elogiándole y animándole durante todo el tiempo.

Algunos adiestradores recomiendan el uso de disuasores tales como la pimienta u otras especias amargas, o algún producto diseñado para este propósito, para desalentar que el perro muerda cosas que no deseamos que muerda. Compruebe el producto con su perro antes de invertir una buena cantidad de dinero.

¿SABÍA USTED QUE...?

Evite que un perro salte antes de que lo haga. Si se está preparando para saltar sobre usted, sencillamente apártese. Si le salta encima antes de que pueda apartarse, levante su rodilla para que le golpee en el pecho. No sea usted demasiado enérgico. Su perro se dará cuenta de que saltarle encima no es una forma productiva para conseguir llamar su atención.

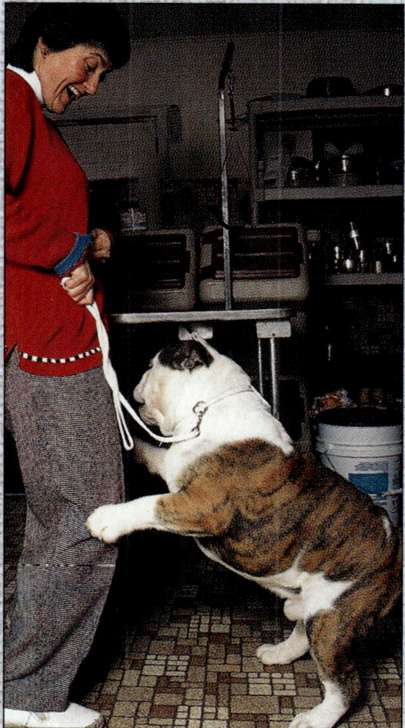

SALTAR ENCIMA DE LAS PERSONAS

Para un perro, saltar encima de las personas es la forma amistosa que tienen de decir «¡hola!». A algunos propietarios no les molesta que sus perros les salten encima. De todas formas, el problema surge cuando llegan invitados a casa y el perro les recibe de la misma forma, tanto si les gusta como si no. Por muy amistosa que pueda ser la bienvenida, es posible que a sus visitas no les guste el entusiasmo de su perro. Él no será capaz de distinguir entre sobre quién puede saltar y sobre quién no. Así pues, quizá lo mejor sea desalentar este comportamiento por completo.

Escoja una orden como por ejemplo «Fuera» y dígaselo cuando le salte encima. Colóquele en el suelo, sobre sus cuatro patas, y haga que se siente, elogiándole continuamente. Cólmele siempre de atenciones con elogios y caricias cuando se coloque en su posición de «sentado». De esa forma sigue usted saludándole con afecto, ya que está usted tan contento de verle como él de verle a usted.

ESCARBAR

Escarbar, que está visto por los humanos como una conducta destructiva, es en realidad, bastante natural para

los perros, y su deseo de excavar puede ser irrefrenable y muy frustrante para usted. Cuando las excavaciones se dan en su jardín, se trata en realidad de una conducta normal redirigida hacia algo que el perro puede hacer en su vida diaria. En la naturaleza, un perro estaría buscando comida de forma activa, construyéndose su propio refugio, etc. Usaría sus pies y uñas con un propósito: las usaría para su supervivencia. Como usted le proporciona comida y refugio, no tiene necesidad de usar sus pies y uñas para hacer esto y, por tanto, la energía que gastaría se puede manifestar en forma de pequeños hoyos por todo su jardín y sus parterres.

Quizá su perro esté escarbando como reacción al aburrimiento (algo similar a lo que hace alguien que se come una bolsa entera de patatas fritas enfrente de la televisión), ya que están a mano y no hay nada mejor que hacer. Básicamente, la respuesta es proporcionar al perro juegos y ejercicios adecuados para que su mente y sus pies y uñas estén ocupados, y para que así sienta que está haciendo algo útil.

¿SABÍA USTED QUE...?

Nunca chille, grite, salte o corra si quiere que su perro esté tranquilo. Usted marca el ejemplo para el comportamiento de su perro en la mayoría de las situaciones. Aprenda de la reacción de su perro ante el comportamiento de usted y actúe de acuerdo con ello.

Escarbar con un amigo es incluso más divertido. Los perros suelen aliarse para llevar a cabo travesuras, lo que podría traducirse en forma de un enorme hoyo en su jardín.

Por supuesto, el escarbar es más fácil de controlar si se corta tan pronto como aparece, pero muchas veces es difícil atrapar al perro mientras lo está haciendo. Si su perro es un excavador compulsivo y no es fácil distraerle con otras actividades, puede usted designar una zona en su propiedad donde le permita hacerlo. Si le pilla usted excavando fuera de esa zona, llévele inmediatamente al lugar adecuado y elógiele por hacerlo ahí. Vigílele de cerca, para así poder pillarle, ya que ésta es la única forma para que entienda qué está permitido y qué no lo está. Si usted le lleva hasta un hoyo que él cavó hace una hora y le dice «No», él entenderá que a usted no le entusiasman los agujeros, o la tierra, o las flores. Si le coge mientras está con las manos en la masa en medio de sus tulipanes, entonces sí que captará su mensaje.

LADRIDOS

Los perros no pueden hablar (¡oh!, ¡qué dirían si pudieran!). En lugar de

eso, los ladridos son la forma que tienen los perros de hablar. Puede ser algo frustrante, ya que no siempre es fácil saber lo que quiere decir un perro con sus ladridos: ¿está emocionado, contento, asustado, enfadado? Sea lo que sea lo que un perro esté intentando decirle, no debería castigársele por ladrar. Sólo cuando los ladridos sean excesivos, y cuando estos ladridos excesivos se conviertan en un mal hábito, la conducta necesitará ser modificada. Afortunadamente, los Bulldog no son tan escandalosos como otros perros y tienden a utilizar sus ladridos con un mejor objetivo que la mayoría de razas caninas. Si un intruso entrara en su casa por la noche y su perro ladrara para avisarle, ¿no estaría usted satisfecho? Posiblemente consideraría que su perro es un héroe y un maravilloso guardián y protector del hogar. La mayoría de los perros no distinguen tan bien como el Bulldog. Por ejemplo, si un amigo se pasa por su casa sin avisar, llama al timbre y es recibido con un ladrido estridente y repentino, probablemente se sentirá usted molesto con el perro. Pero, en realidad, ¿no es acaso exactamente la misma conducta? El perro no sabe hacerlo mejor... a no ser que vea quién está en la puerta, y si no es alguien a quien conozca, ladrará como forma de vocalizar que su territorio (y el de usted) está siendo amenazado. Aunque su amigo no supone una amenaza, esto le da igual al perro. Ladrar es su manera de hacerle saber que hay una intrusión, tanto si es de un amigo como si es de un extraño, en su propiedad. Este tipo de ladrido es instintivo y no debería ser desalentado.

De todas formas, el ladrido habitual y excesivo es un problema que debería ser corregido desde un buen principio. A medida que su Bulldog crezca, será usted capaz de distinguir cuándo está ladrando con un propósito y cuándo lo hace sin razón alguna. Será usted capaz de distinguir entre los diferentes ladridos de su perro y sus significados. Por ejemplo, el ladrido cuando alguien se acerque a la puerta será diferente al que emite cuando está emocionado al verle. Es similar al tono de voz de una persona, excepto en que el perro tiene que basarlo todo en un único tono de voz, ya que no tiene la ventaja de poder usar palabras. Un ladrador compulsivo se hará evidente a una edad temprana.

Hay algunas cosas que animan a un perro a ladrar. Por ejemplo, si su perro ladra sin cesar durante algunos minutos y le da usted una recompensa para acallarle, él creerá que usted le está premiando por ladrar. Asociará los ladridos con la obtención de una recompen-

¿SABÍA USTED QUE...?

Si su perro ladra continuamente o gruñe a los extraños, o si gruñe a cualquiera que se acerque a su comida mientras está comiendo, divirtiéndose con un juguete o descansando en su lugar favorito, necesita un adiestramiento profesional, ya que este comportamiento podría resultar en que alguien acabara siendo mordido.

¿SABÍA USTED QUE...?

Ladrar es la forma que tiene su perro de protegerle. Si ladra a un extraño que camina por delante de su casa, a un coche en movimiento o a un gato que huye, él está, sencillamente, ejerciendo su responsabilidad de proteger a su manada (usted) y su territorio de una persona o cosa que él interpreta que es un intruso. Como el «intruso» suele seguir su camino, el perro piensa que su ladrido le ha hecho huir y se siente satisfecho. Este comportamiento llevará a su excesivamente ruidoso amigo a creer que él es «el perro que está al mando».

sa, y continuará haciéndolo hasta ser premiado.

ROBOS DE COMIDA

¿Está su perro buscando maneras de robarle la comida de encima de la mesa? Si es así, debe usted responderse las siguientes preguntas: ¿Está su Bulldog hambriento, o está «constantemente famélico» como parecen estarlo muchos perros? Téngalo claro, hay perros más motivados por la comida que otros. Algunos están completamente obsesionados por el olor de los alimentos y sólo pueden pensar en su siguiente comida. Robar comida es muy divertido y siempre da como resultado una excelente recompensa: comida, gloriosa comida.

El objetivo del propietario es, pues, tener cuidado en dónde coloca la comida en su casa y el de regañar al perro cuando se le pille robándola. Pero recuerde: reprenda al perro sólo si le ve robando y no más tarde, cuando ya haya descubierto su delito, ya que eso no será de utilidad y no haremos sino confundirle.

¿SABÍA USTED QUE...?

La agresividad canina es un problema grave. Nunca regale un perro agresivo a otra persona. El perro será generalmente más agresivo en un nuevo hogar donde su liderazgo no tenga competencia ni se vea cuestionado (según su mente).

PEDIR COMIDA (MENDIGAR)

Al igual que robar comida, mendigar es uno de los pasatiempos favoritos de los cachorros hambrientos. Se obtiene la misma recompensa: comida. Los perros aprenden rápidamente que sus dueños se guardan lo mejor para ellos y que nosotros los humanos no sólo comemos pienso. Pedir comida es una respuesta condicionada a un estímulo específico, un momento y un lugar. Los ruidos de la cocina, latas y botellas abriéndose, ruido de bolsas, el olor de la comida mientras ésta se cocina, etc., excitarán al perro comilón y pronto levantará sus manos.

Aquí está el procedimiento para detener esta conducta: nunca ceda ante un pedigüeño. Estaría usted premiando al perro por estar bien sentado, por saltar encima de usted, por gimotear y por frotar su trufa contra usted si le diera

esa gloriosa recompensa: comida. Ignorando al perro, forzará (finalmente) que esa conducta se extinga. Note que la conducta suele empeorar antes de desaparecer, así que asegúrese de que no hay «blandos» en la familia que cedan ante el pequeño pedigüeño cada vez que lloriquee «Más, por favor».

ANSIEDAD POR SEPARACIÓN

Puede que su Bulldog aúlle, se queje o exprese de otra forma su malestar cuando usted se va de casa y él se queda solo. Ésta es una reacción normal que no es diferente a la de un niño que llora cuando su madre le deja en su primer día de colegio. De hecho, y en primer lugar, la atención constante puede dar lugar a la ansiedad por separación. Si está usted continuamente mimando y arrullando a su perro, él esperará esto todo el tiempo y será más traumático para él cuando no esté usted ahí a su lado. Obviamente usted disfruta pasando tiempo con su perro, y él medra con su cariño y sus atenciones. De todas formas, no debería convertirse en una relación tan dependiente como para que se le rompa el corazón cuando no esté usted a su lado.

Una de las cosas que puede hacer para minimizar esta ansiedad es procurar que sus salidas y entradas pasen tan inadvertidas como sea posible. No alargue usted la despedida de su perro, y no le colme de atenciones con abrazos y caricias cuando vuelva. Esto implica ceder ante la atención que le implora, y no hará sino que las eche mucho más de menos. Otra de las cosas que puede intentar es darle un premio cuando usted se marche. Esto no sólo le mantendrá ocupado y le hará olvidarse de que se acaba usted de ir, sino que le ayudará a asociar su marcha con una experiencia agradable.

Quizás tenga usted que acostumbrar a su perro a que se quede solo a intervalos de tiempo crecientes. Desde luego, cuando su perro empiece a gimotear al acercarse usted a la puerta, su primer instinto le empujará a retroceder hacia él y consolarle, pero no lo haga, de verdad. Al final se acostumbrará y estará muy bien si lo hace usted paso a paso. Su ansiedad se origina porque se le coloca frente a una situación con la que no está familiarizado. Mediante la familiarización con que se quede solo, aprenderá que eso es normal. Esto no quiere decir que deba usted dejar a su perro a solas a propósito, sino que lo que el perro necesita es sa-

¿SABÍA USTED QUE...?

El número de perros que sufre ansiedad por separación va en aumento, a medida que más y más propietarios de mascotas están en su trabajo durante todo el día. Se está prestando nueva atención a este problema, que es especialmente difícil de diagnosticar, ya que sólo se hace evidente cuando el perro se queda solo. Actualmente se están llevando a cabo investigaciones para ayudar a educar a los propietarios de perros acerca de la ansiedad por separación y cómo pueden ayudar a minimizar este problema.

ber que mientras que puede confiar en usted para que le cuide, no tiene que estar usted a su lado las 24 horas del día.

Cuando el perro está solo en casa, debería estar confinado en su zona de la casa a prueba de perros. Ésta debería ser la zona en la que duerme, así que ya debería sentirse cómodo ahí y esto debería hacer que se sienta mejor cuando se quede solo.

COPROFAGIA

Comerse las heces es, para la mayoría de las personas, una de las conductas más repugnantes en las que pudiera caer su perro, aunque para él sea algo completamente normal. Para nosotros es difícil entender por qué querría un perro comerse tal cosa. Podría ser que buscara ciertos nutrientes que le faltan en la dieta, podría sencillamente estar hambriento o quizás sentirse atraído por el olor (para un perro) agradable. Mientras que la coprofagia se suele referir a que el perro se come sus propias heces, también puede comerse las heces de otro animal, si es que se las encuentra en su camino. Los veterinarios han visto que las dietas que tienen una baja digestibilidad y que contienen, relativamente, niveles bajos de fibra y altos de almidón, provocan un aumento de la coprofagia. Así pues, las dietas con niveles altos de fibra pueden reducir esa apetencia. Tanto la consistencia de las heces (cuán firmes las siente el perro en la boca), como la presencia de nutrientes no digeridos, incrementan estas posibilidades. Los perros frecuentemente encuentran más agradables las heces de los gatos y los caballos que las de otros perros. Una vez que el perro tenga diarrea debido a su consumo, seguramente abandonará este repugnante hábito.

Para desalentar esta conducta, asegúrese en primer lugar de que el alimento que le está proporcionando es nutricionalmente completo y que está recibiendo suficiente comida. Si los cambios en su dieta parecen no funcionar y no se puede encontrar causa médica alguna, tendrá que modificar la conducta a través del control ambiental, antes de que se convierta en un hábito. La mejor manera de hacer que el perro no se coma sus propias heces es que no las tenga a su disposición. Limpie el jardín y recoja los excrementos después de que haya hecho sus necesidades. Si no están ahí, no podrá comérselos.

Castigar al perro por comerse las heces rara vez le impresiona. Los veterinarios recomiendan distraerle mientras las está comiendo. La coprofagia se da con más frecuencia en cachorros de 6 a 12 meses de edad, y generalmente desaparece alrededor del primer cumpleaños del perro.

ÍNDICE ALFABÉTICO

*Los números de página en **negrita** indican ilustraciones.*

Mi Bulldog Inglés

PONGA AQUÍ LA PRIMERA FOTO DE SU CACHORRO

Nombre del perro ______________________________________

Fecha________________ Fotógrafo ______________________________